KB162320

역량개발, 역량교육의 새로운 패러다임

DCBL

Development Center Based Learning

역량개발센터 기반학습

ORP연구소
성균관대학교 서용원 공저

이 책은 산업 및 조직 심리학의 다양한 학문적 지식과 과학적 방법들을 기업 조직의 실무 현장에 활용할 수 있도록 소개할 목적으로 발간되는 '산업조직심리 시리즈'의 일환으로 처음 발간되는 책입니다. 그간 산업 및 조직 심리학회 차원에서나 여러 교수님들 사이에서 그 필요성이나 유용성에 대해서 충분한 공감을 하고 있었지만 실제 결과물로 이어지는 첫 발은 미처 내딛지 못하고 있었던 것이 사실입니다. 힘차게 그 첫 걸음의 노고를 다해준 ORP연구소와 이영석 대표에게 다시 한 번 고마움과 응원의 말을 전합니다.

앞으로 '산업조직심리 시리즈'가 '산업 및 조직심리학'의 과학적 연구들과 방법론들을 현장의 담당자들, 기업의 인사담당자, 교육담당자들은 물론, 정부부처, 공공기관, 학교 등 그 규모나 유형에 관계없이 여러 조직의 실무자들에게 다양한 목적으로 손쉽게 활용하고 적용할 수 있도록 돕는 필수 지침서의 역할을 해주기를 기대합니다.

산업조직심리 시리즈의 첫 번째는 'DC기반 학습(Development Center Based Learning)'입니다. 이미 많은 정부부처와 공공기관, 다양한 기업들에서 도입해 활용하고 있는 역량교육, 흔히 DC라고 이야기 하고 있는 교육기법입니다. 우리가 잘 알고 있는 AC(Assessment Center, 평가센터), 역량평가와 마찬가지로 외국에서 시작되었고, 이제는 역량교육의 글로벌 스탠다드로 자리 잡고 있는 하나의 교육기법입니다. 하지만 외국의 그 'DC'를 그대로 들여와 무조건적으로 적용하는 것은 아닙니다. 외국의 DC가 역량평가에서 사용하는 동일한 평가도구(모의과제 및 각종 진단 도구 등)를 단순히 교육목적으로 활용하는 것에 그쳤다면, DC기반 학습은 그 설계 단계부터 역량교육, 역량개발에 초점을 두고 있습니다. 우리나라의 조직문화와 기업환경 등을 고려하고, 교육담당자와 교육생들의 요구사항을 반영하여, 보다 효과성 높은, 교육생들에게 실질적이고 강력한 역량개발 기회를 제공하는 역량교육으로 발전시켰습니다. 바로 그 결과물이 지금 이 책에서 소개할 DC기반 학습입니다.

DC기반 학습에는 산업 및 조직심리학의 다양한 방법론이 적용되었으며, 그 주도적인 역할을 ORP연구소가 해 주었습니다. ORP연구소의 전 구성원들은 심리학, 산업조직심리학 석사 이상의 전문가들로, DC기반 학습과 관련된 다양한 프로젝트들을 수행하며 지속적인 연구와 개선작업을 해왔습니다. 그 동안 축적한 노하우들이 이렇게 한 권의 책으로 엮어져 앞으로의 DC기반 학습을 위한 또 한 번의 큰 시작이 되었습니다. 이 책 한 권을 통해 DC기반 학습의 전문가가 될 수는 없겠지만, DC기반 학습을 연구하고자 하는 후배들, 또는 DC기반 학습을 도입하고자 하는 다양한 조직과 기업의 담당자들에게는 분명 안개 속을 비춰주는 가로등불이 되어줄 것이라 확신하면서 이 글을 남깁니다.

성균관대학교 심리학과 교수 서 용 원

| 목차 |

* 본 저서의 제1장부터 제5장까지는 HRD Magazine 2009년 1월호부터
  6월호까지 연재된 DC기반학습의 내용을 재구성한 것입니다.

제1장
DC기반 학습

1. DC기반 학습(Development Center Based Learning)은 무엇인가?

지금까지는 역량개발센터(Development Center; 이하 DC)라는 방식은 기존의 역량평가센터(Assessment Center; 이하 AC)의 연장선상에서 이해되어 왔다. 즉, DC는 AC에서와 마찬가지로 역량을 평가하지만 AC에서처럼 평가결과를 선발과 승진 의사결정에 사용하는 대신, 그 결과를 평가 대상자의 자기개발에 사용한다는 것이다. 지금까지 실시된 대부분의 DC도 실제 역량평가 결과를 개인에게 피드백하여 개발에 활용하는 정도로 운영되어 왔다.

그러나 AC의 부차적인 단계로 DC가 활용되다 보니 HRD에서는 조직구성원들의 역량향상이라는 본연의 역할을 선행적으로 수행하기가 어려웠고, 구성원들에게서도 역량평가가 실시되기 전 역량개발을 준비하기 위한 시간이나 방법이 없다는 불만이 제기되었다. 이 책에서는 HRD의 입장에서, DC 기법을 좀 더 적극적으로 활용한 교육 방법을 DC기반 학습(Development Center Based Learning)으로 명명하여, 교육의 새로운 방법론으로 제시하고자 한다.

DC기반 학습(Development Center Based Learning)은 학습자에게 역량이 잘 드러나는 실제 업무 장면과 유사한 모의상황을 과제로 제시하고, 그 과제를 해결해가는 과정과 결과에서 드러난 학습자의 역량 수준을 관찰자(동료, 퍼실리테이터)들로 하여금 피드백 하도록 하는 교육 전략이다. 학습자들은 과제 수행 및 피드백을 통해 자기자신을 객관적으로 인식하고, 사전에 정교하게 개발된 모범 행동들을 통해 올바른 행동을 학습하며, 최종적인 자기개발계획의 수립 및 실천으로 역량을 증진시킬 수 있다.

간단히 말해, DC기반 학습은 실제 업무 상황을 교육장면에서 활용하여 학습자들이 자신의 능력과 수행수준을 인식하도록 하고, 자기개발 의욕을 고취시켜 업무장면에서 효과적 행동을 하도록 하는 것이다.

2. 왜 DC기반 학습인가?

현대의 산업교육 환경에서는 학습자들이 활용할 수 있는 역량개발에 대한 정보와 교육과정의 기회가 얼마든지 있다. 문제는 '학습자들을 어떻게 학습에 몰입하게 할 것인가' 이다. 기업은 매년 적지 않은 돈을 조직 구성원 교육에 쏟아 붓고 있지만, 교육에 집중하지 않는 구성원들로 인해 교육이 효과를 발휘한다고 자신 있게 말하기 어려운 상황이다. 특히 승진을 하여 새로운 역할을 수행하게 된 신임 대리, 과부장, 팀장 또는 임원들에게 역할인식 교육(예: 직급필수 과정이나 신임자 교육과정) 수강은 당연히 거쳐야 하는 승진축하연 정도로 인식되고 있으며, 이수해야 할 교육과정 목록은 마지못해 해야 하는 숙제처럼 여겨지고 있는 것이 HRD의 현주소이다.

학습자들이 교육과정에 몰입하지 못하는 이유는 다양할 수 있으나, 기존의 교육이 이론 학습 중심으로 이루어졌기 때문에 학습자들의 흥미나 관심을 불러일으키지 못한 것이 주된 이유일 것이다. DC기반 학습에서는 모의과제(Simulation Exercise)를 활용해 자신이 직접 과제를 수행해보거나 다른 참가자들의 과제수행을 관찰하고, 이러한 과정에서 다른 사람들과 비교한 자신의 객관적 위치를 인식할 수 있다. DC가 갖는 이러한 특징은 학습자들 스스로 자신의 역량수준을 인식하고 부족한 역량에 대한 학습동기를 가지게 한다. 또한, 이러한 학습동기를 각 역량별 심화과정으로 연결시켜 높은 학습효과를 가져올 수 있으며, 교육 후 실질적인 자기변화와 역량강화까지 이끌어 낼 수 있다. 따라서 이론 중심의 교육과정들을 DC기반의 교육과정으로 변화시킨다면, HRD가 단순히 바쁜 업무시간을 빼앗고 귀찮은 일거리를 만드는 부서가 아닌, 학습자들에게 실질적인 도움이 되는 교육 서비스를 제공하는 역할을 할 수 있을 것이다.

3. DC기반 학습을 위해서는 어떤 방법과 도구들이 필요한가?

일반 교육과정은 니즈분석과 과제분석을 통하여 학습목표가 설정된 후 그에 따른 교육내용이 도출되며, 이를 강사가 어떻게 전달할지 결정하는 단계로 과정 설계와 개발이 이루어진다. 여기서의 핵심은 교육내용과 학습방법(교수설계), 강사라 할 수 있다. DC기반의 학습에서도 교육의 핵심은 이와 비슷하나, 교육내용이 역량과 모의과제로 나뉘고, 학습방법에는 실행 및 상호작용 학습이 포함되며, 강사보다는 퍼실리테이터라는 명칭을 사용한다. DC기반 학습이 잘 이루어지려면 이 4가지의 주요 요소들을 상호 연관·고려한 설계가 필요하다.

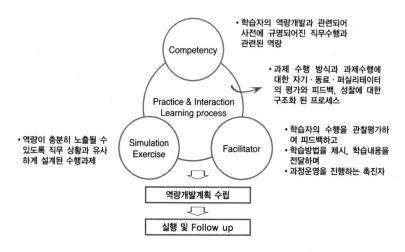

그림 1. DC기반 학습의 운영 프레임

1) 역량(Competency)의 규명

DC기반 학습을 위해서는 학습과정을 통해 개발하고자 하는 역량이 우선적으로 규명되어야 한다. 일반적으로 역량이란 조직의 목표달성과 연계하여 높은 성과를 나타내는 사람들의 특성으로써 지식, 기술, 가치관, 사고 유형, 성격, 태도, 가치 등의 다양한 요소로 이루어져 있으며 행동으로 나타난다고 정의된다. 학습자에게 어떠한 역량이 요구되는가는 그 사람이 조직내에서 수행해야 할 역할과 위치에 따라 다르다. DC기반 학습에서도 역량은 중요한 의미를 가지고 있다. DC기반 학습을 통해 개발하고자 하는 목표가 역량이기 때문이다. 따라서 역량의 정의와 구체적인 행동지표 및 행동사례들을 규명하는 것이 필수적이다. 일반적으로 조직에서 어느 한 직급이 수행해야 하는 역할은 일차원, 조직차원, 사람차원, 개인차원으로 구분할 수 있으며, 이러한 차원별로 역량의 SET를 6~7개 추출하여 과정개발에 반영하는 것이 적당하다. DC기반 학습에서의 역량은 학습과제 개발의 방향을 정해주며, 학습자의 행동을 관찰하고 피드백 해야 할 포인트를 제공한다. 또한 구체적인 행동지표는 학습과제에서 학습자의 행동수준을 판단하는 기준 및 개발계획을 수립하는 기준으로 사용되고, 행동사례들은 모의상황 및 과제를 개발하는 재료로서 활용된다.

2) 모의과제(Simulation Exercise)

DC기반 학습에서 또 하나의 중요한 요소는 모의과제(Simulation Exercise)이다. 학습자는 모의과제를 통해 역할 수행에 요구되는 역량을 직접 체험해봄으로써, 자신의 역량 수준을 성찰할 수 있다. 모의과제는 동료 학습자들이 관찰하고 피드백하는 상호작용 학습의 매개체가 되기도 한다. 이러한 모의과제는 실제 업무상황에서 발생될 수 있는 복잡한 과제구조를 그대로 유지할 때, 보다 실질적이고 정확한 자기 성찰의 기회를 제공할 수 있다.

모의과제의 유형은 매우 다양하나 일반적으로 미결업무처리(In-basket), 구두발표(Presentation) 등의 개인과제, 역할연기(Role-play) 등의 대인과제, 그룹토의(Group discussion), 그룹 미결업무처리(Group In-basket), 인터뷰(Interview) 등의 그룹과제로 구분할 수 있다. 개인과제는 주로 개인의사결정이나 개인이 가져야 할 사고, 능력 등을 확인할 수 있으며, 대인과제는 주로 개인간의 상호작용과 관련된 갈등관리, 상담, 면담, 코칭, 의사소통 역량 등을 반영 할 수 있다. 집단과제는 집단속에서 타인과 상호작용 하는 형태의 상황인 회의나 집단적 업무수행, 집단 의사결정 등에서의 역량을 파악하는데 적합하다.

3) 실행 및 상호작용 학습 프로세스(Practice & Interaction Learning)

DC기반 학습은 학습자 개인과 동료 학습자들이 모의상황을 실행·관찰하고, 그 결과를 피드백하고 성찰하는 상호작용 학습의 프로세스로 진행된다. 따라서 각 모의상황을 어떤 방식으로 전개할 것인가에 대한 상세 설계가 필요하다. 이를 위해서는 역량과 그 역량이 잘 발휘될 수 있는 모의상황 뿐 아니라, 이에 대한 운영 방법, 소요시간, 학습인원, 피드백 방법 등을 고려한 상세한 설계가 이루어져야 한다. 또한, 과제를 수행하는 과정에서 나타나는 행동이 올바른 행동인지를 관찰하고 피드백하는 기준이 되는 관찰양식과 피드백 가이드 등도 정교하게 설계해야 한다.

4) 퍼실리테이터(Facilitator)

AC가 객관성과 공정성을 인정받을 수 있는 것은 실제 업무 상황을 반영한 모의상황을 활용한다는 것 뿐 아니라, 복수의 훈련받은 평가자가 피평가자의 행동을 관찰·기록·분류·평가하고, 그 결과를 합의·조정·통합하는 과정이 있기 때문이다. DC기반 학습과정에서는 퍼실리테이터라 불리는 훈련받은 과정운영자가 학습 안내자로서의 역할을 수행하므로 과정의 타당성을 담보할 수 있다.

퍼실리테이션 초기에는 학습자들에게 과정내용 및 방법에 대한 소개는 물론, 상호 수용적인 학습분위기를 조성해야 하며, 학습자 개인과 상호간의 역할, 관찰하고 피드백 하는 방법 등에 대한 안내가 필요하다. 모의상황이 제시되고 학습자들이 과제를 수행하는 상황에서 퍼실리테이터는 평가자가 되어 학습자의 과제 수행정도를 관찰, 기록, 평가하여야 하며, 관찰자 역할을 맡은 학습자들이 정확하게 관찰, 기록, 평가하고 있는지를 개입하여 독려해야 한다. 또한 때로는 과제 수행 과정에서 우수성과자의 역량행동과 그렇지 못한 사람들의 행동이 드러나도록 개입해야 한다. 수행이 종료되면 퍼실리테이터는 학습자들 상호간에 실질적인 피드백이 이루어지도록 노력해야 하며, 과제 수행자가 자신의 수행에 대한 관찰자들의 피드백에 대해 귀를 기울이고 수용하도록 독려해야 한다. 또한 퍼실리테이터는 모의상황에서의 올바른 행동이 무엇인지를 과제 수행자에게 직접 피드백하고 왜 그러한 행동이 바람직한 행동인지에 관한 이론과 지식들을 부가적으로 제시해줄 수 있어야 한다.

정리하면, DC기반 학습에서의 퍼실리테이터는 과제 안내자의 역할, 평가자의 역할, 피드백 제공자의 역할, 지식제공자의 역할 등 종합적인 학습 안내자로서의 역할을 수행해야 하며, 이를 위해서는 퍼실리테이터의 역량을 개발하기 위한 전문교육이 필요하다.

DC기반 학습의 4가지 주요 요소들에 대해서는 제2장, 제3장, 제4장, 제5장에서 하나씩 상세히 설명하기로 한다.

4. 어떤 프로세스로 진행되는가?

DC기반 학습의 일반적인 교육과정은 그림 2에서와 같이 사전 역량진단, 본과정, 실행 및 사후관리의 프로세스로 이루어진다.

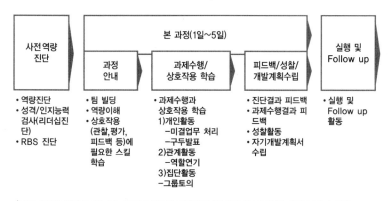

*과정 일정은 학습하고자 하는 역량과 과제에 따라 1일부터 5일 등 다양하게 설계를 할 수 있음.

그림 2. DC기반 학습과정의 일반적 절차

1) 사전 역량진단

사전 진단은 학습자의 현재 역량을 진단하여 자신의 수준을 인식하는 데 도움을 준다. DC기반 학습의 목표가 자신의 역할수행에 요구되는 역량의 현재 수준을 성찰하고 개발을 위한 실행계획서를 수립하여 실행을 강화하는 데 큰 의의가 있으므로, 이 사전 진단은 내용과 방법 면에서 정교할수록 효과가 크다고 할 수 있다. 진단 시에는 학습하고자 하는 역량에 대한 진단 뿐 아니라, 그러한 역량을 발휘할 가능성의 진단이라고 할 수 있는 학습자의 기본적인 인성과 인지 · 사고 스타일 등도 함께 진단하는 것이 바람직하다. 대표적인 진단으로는 호건리더십 검사[1]가 있다. 또한 RBS(Reflected Best Self)[2]의 기법을 적용하여 자신의 강점에 대해 다방향의 다수인으로부터 피드백을 받아 자기성찰에 활용하는 것도 바람직하다.

2) 본 과정

DC기반 학습과정의 진행은 3단계로 나눌 수 있는데, 첫 번째 단계는 학습과정의 안내단계로 학습자들이 역량과 DC기반 학습방법을 위해 상호관찰과 평가, 피드백 기법 등 DC기반 학습에 요구되는 중요한 상호작용 학습 방법을 제시한다. 이 과정에서 퍼실리테이터는 학습자들이 학습해야 할 역량을 명확히 인식할 수 있도록 해야 할 뿐 아니라, 학습자들 상호간에 도움이 될 수 있도록 행동을 정확히 관찰하고 기록하도록 해야 하며, 상호간에 적극적인 피드백이 이루어질 수 있도록 동기를 부여할 수 있어야 한다.

두 번째 단계는 본격적인 학습이 이루어지는 단계로 모의상황 유형별(개인작업, 대인작업, 집단작업)로 과제를 수행하고 상호관찰, 평가, 피드백을 진행

---

1) 호건검사(Hogan Assessments)는 미국 HAS(Hogan Assessment Systems)사의 검사로 사람들의 직무수행과 조직성과를 직접접이고 정확하게 예측해주는 인성 및 역량검사 도구이다.
2) RBS(Reflected Best Self): 타인의 눈에 비친 개인의 최고의 모습을 수집하여 각자의 독특한 강점과 재능을 이해하고 이를 과업환경에 접목시키고자 하는 도구이다.

한다. 이러한 과정상에서 학습자는 자신의 역할 수행에 요구되는 역량이 무엇이고, 그러한 역량이 어떠한 상황에서 요구되며, 자신의 역량 수준은 어느 정도이고, 고성과자들은 동일한 상황 속에서 어떻게 행동하는지를 직접 경험함으로써 자신의 강점과 약점을 파악하게 된다. 물론 설계방법에 따라서 구체적인 교육내용이 수행과제에 대한 피드백과 함께 제시될 수도 있다.

예를 들면, 1대 2 역할연기 기법으로 학습자가 갈등관리 역량을 학습하는 경우(6인 1조로 편성, 4개조 24명이 한 class로 운영), 우선 조원 6명 각자가 팀원 간의 역할분장이 불명확하여 발생된 갈등상황이 기술되어 있는 모의상황을 30분 동안 파악하고, 1대 2 역할연기를 20분 동안 하는 것이다. 3명이 역할분담(갈등중재자, 갈등관계인 A, 갈등관계인 B)을 하여 역할연기를 하고, 돌아가면서 역할을 바꾸어 3회를 한다. 이때 같은 조내에 역할연기에 참여하지 않은 3인의 관찰자와 갈등관계인으로 역할연기를 한 2인은 갈등중재자 역할을 한 학습자의 행동을 관찰·기록·평가하여 피드백 한다. 이러한 과정을 통하여 자신의 갈등중재 행동이 어떠하며, 그 중 효과적인 행동과 그렇지 못한 행동은 어떠한지, 구체적으로 자신의 행동에 대해 다른 사람들은 어떻게 느꼈는지를 구체적으로 피드백 받게 되며, 퍼실리테이터 피드백을 통해 갈등중재에 효과적인 행동은 어떤 것인지를 학습하게 된다. 자신의 갈등중재 행동에 대한 보다 깊은 이해는 역할을 바꾸어 관찰자로서 다른 사람들의 갈등중재 행동을 관찰할 때 이루어지게 된다. 특히, 자신보다 우수한 사람들의 행동을 관찰하면 어떤 행동들이 효과적인지를 학습하기 쉽지만, 자신과 비슷하거나 더 못하는 사람들의 행동을 관찰하는 것도 자신의 행동을 반추해볼 수 있는 중요한 계기가 된다. 마치 훈수를 둘 때 다른 사람들의 수가 더 잘 보이는 것과 같은 이치이다.

이러한 과정을 통해 자신에게 부족한 행동이 무엇이며, 어떠한 행동이 바람직한 행동인지에 대한 학습이 이루어지게 되면 마지막 단계인 자기 성찰과 개발계획 수립단계로 넘어간다. 이때 사전에 진단한 내용과 학습과정 상에서 상호 관찰 · 기록 · 평가한 행동에 대해 동료들과 퍼실리테이터의 종합적인 피드백이 주어지고, 이러한 정보를 종합하여 학습자는 자신의 역할 수행에 요구되는 역량의 수준과 현재 지니고 있는 역량을 가름하여 자신의 개발계획을 수립하게 된다.

3) 실행 및 사후관리(Follow up) 단계

본 과정 후 현업에 복귀하면 학습자는 스스로 세운 자기개발계획서의 계획대로 역량향상 활동을 지속적으로 실천하게 되며, 교육담당자는 학습자의 역량개발계획서가 제대로 이행되고 있는지 모니터링하고 지원하여 실행을 강화토록 한다. 또한 학습과정에서 드러난 학습자들의 역량 수준을 근거로 교육니즈를 파악하여, 보다 심화된 교육계획과 지원계획을 수립할 수 있다. 교육이 종료되는 시점이 새로운 역량개발의 시작점이 되는 것이다. 그러나 이 단계에서 무엇보다 중요한 것은 자기개발계획서에 작성한 대로 참가자들이 실천 노력을 하도록 하는 것이다. 일을 통한 실천, 관련 교육과정 이수, 관련 서적 읽기 등의 역량 개발 노력이 이루어지도록 해야 한다.

이를 위해 교육담당자는 지원계획을 수립하여 실행하고, 학습자들의 역량 향상도를 확인하고 점검(3개월 내지 6개월 후 시점)하여야 한다. 보다 효율적이고 효과적인 지원이 이루어지기 위해서는 Web 기반의 e-follow up 시스템과 같은 교육 지원 프로그램을 활용하는 것도 도움이 될 수 있다.

5. DC기반 학습의 특징은 무엇일까?

DC기반 학습을 기존의 학습방법과 구분할 수 있게 하는 몇가지 특징은 다음과 같다. 첫째는 체험학습이다. 기존의 전통적인 학습방법은 강사가 학습자에게 정보나 지식을 전달해 주고, 학습자는 그것을 수동적으로 받아들이는 강사위주의 학습방법이었다. 이러한 학습방법은 상대적으로 적은 시간과 노력을 들여 효율적으로 지식을 전달할 수는 있으나, 이해한 것이 행동으로 잘 연결되지 않으며, 학습자의 동기를 유발하기 어렵다는 한계점을 가지고 있었다. DC기반 학습은 체험학습 방식으로, 학습자가 업무상황과 유사한 모의상황을 실제로 체험하고 자신의 지식과 생각, 능력을 능동적으로 발휘하도록 학습환경이 설계되어 있다. 따라서 DC기반 학습을 하면 강사위주의 학습에 비해 학습 시간은 더 많이 들 수는 있으나, 직접적인 활동과 구체적인 경험을 통해 학습이 이루어지기 때문에 지식과 행동의 괴리가 발생할 소지가 적다. 다시 말해, DC기반 학습을 통해 체득한 것이 현업에 적응될 가능성이 높다. 또한 체험학습은 행동하는 것에서 학습이 시작되기 때문에 학습자의 학습 동기 및 몰입도가 높다.

둘째는 성찰학습이다. DC기반 학습은 학습자의 역량진단 결과, 모의상황에서의 과제 수행 결과, 동료와 퍼실리테이터의 피드백, 동료수행에 대한 관찰 등을 학습자가 별 생각 없이 지나쳐버리는 것이 아니라, 각각의 결과를 분석하고 판단하여 새로운 의미와 관점들을 발견할 수 있도록 한다. 또한 자기개발계획수립 단계에서 이러한 성찰결과가 학습자의 역량 개발과 연계되도록 한다.

셋째는 상호작용 학습이다. 상호작용 학습이란 둘 이상의 사람들 사이에 양방향 의사소통을 통해 정보와 지식을 교환하는 역동적이며 순환적인 활동이다. 상호작용을 통해 학습자는 다른 학습자와 더불어 다양한 문제해결의 과정을 접하게 되며, 혼자 힘으로는 얻지 못하는 통찰과 성찰의 기회를 갖게 된다. DC기반 학습에서는 자신의 과제수행에 대한 동료들의 관찰 및 피드백, 동료들의 과제수행에 대한 자신의 관찰 및 피드백과 같은 상호작용이 이루어지며,

이를 통해 학습자가 다양한 관점에서 바람직한 행동이 무엇인지 성찰하고 자신의 해석을 검증할 수 있다. 이러한 상호작용이 중요한 학습이 될 수 있도록 설계된 것이 DC기반 학습이다.

넷째는 실제 상황으로 이루어진 과제중심의 학습이다. 학습은 실제 업무장면과 유사할수록 성과와 연계가 높다. 현실성이 전제된 학습은 기존의 교과서 중심이나 이벤트 중심의 학습내용보다 인지적으로 깊은 사고를 요구하게 되며, 학습에 대한 내적동기 부여를 기대할 수 있기 때문이다. DC기반 학습은 업무장면과 유사한 모의상황을 활용한 것이므로, 높은 학습 성과를 기대할 수 있다.

다섯 번째는 퍼실리테이터의 역할이다. 일반적인 교육에서 강사는 일방적이고 지시적으로 지식을 전달하지만, DC기반 학습에서 퍼실리테이터는 학습의 조력자이자 강력한 조언자로서의 역할을 수행한다. 또한 과제수행 후 학습자의 자기성찰적 사고와 행동을 안내하고 상호작용이 활발히 이루어지도록 인도하는 역할과 학습자의 과제수행을 관찰하고 종합적인 피드백을 제공하는 역할은 일반 교육과정에서의 강사 역할과 차이점이라 할 수 있다.

여섯 번째는 동료 학습자의 역할이다. DC기반 학습에서 동료 학습자는 학습자의 과제수행에 대한 피드백을 제공해 준다. 또한 동료 학습자는 학습자가 동료들의 성공적인 수행을 관찰함으로써 얻게 되는 모델학습과 성공적이지 못한 수행을 관찰함으로써 얻게 되는 간접적 자기 성찰까지 가능할 수 있도록 해준다.

HRD를 통해 조직의 전략과 연계성을 확보하고 조직의 변화를 이루어내며 조직구성원의 수행 향상을 이끌어 내기 위한 새로운 방법을 고민하고 개발하는 것이 교육담당자들의 역할이다. DC가 비록 AC에서 출발을 하였고 AC의 연장선상에서 이해될 수 있지만 교육전문가들이 산업심리학적인 방법론과 교육적인 시각에서 DC기반의 학습형태를 보다 유용하게 활용할 수 있도록 하는 것도 HRD의 역할이 아닌가 생각한다.

6. 액션러닝 및 PBL과의 차이점은 무엇일까?

액션러닝이란 영국의 레그 레번 교수가 개발한 교수학습 방법으로서, 팀 단위로 실제 문제를 과제로 선정하여 학습자들이 함께 문제를 해결해 가는 과정을 통해 과제의 내용과 과제수행 프로세스를 학습하도록 만드는 방법이다. PBL(Problem-Based Learning)은 '문제중심학습'으로 불리는 학습자 중심의 교수학습 모형으로서, 학습자들에게 실제적인 문제를 제시하여 학습자들이 공동으로 문제해결 방안을 논의한 후, 개별학습과 협동학습을 통해 공동의 해결안을 마련하는 과정에서 학습이 이루어지게 하는 방법이다.

위에서 언급한 내용을 보면, 액션러닝과 PBL은 매우 유사한 방법임을 알 수 있다. 실제로 양자는 팀을 이루어서 진행한다는 점, 실제적인 문제를 해결하면서 학습이 일어나게 한다는 점, 공동으로 협동하면서 문제를 해결한다는 점, 문제해결 과정에서 개별학습과 협동학습을 모두 경험하게 한다는 점 등이 모두 동일하다. 단지 차이점이 있다면, 액션러닝에서는 학습자들 스스로 문제를 선정하게 하는 반면에, PBL에서는 일반적으로 교수자가 사전에 문제를 구성하여 제공한다는 점인데, 문제의 구성을 학습자의 자율로 맡기느냐 아니면 교수자의 의도에 맡기느냐는 사실상 두 방법 모두에서 활용할 수 있기 때문에 이것은 사실상 차이점이라고 보기 어렵다. 그렇다면, 액션러닝과 PBL은 사실상 거의 동일한 방법이며, 동일한 방법이 경영학 관점에서 기업 현장에서 활용될 때에는 액션러닝이라고 불리고, 교육학 관점에서 학교 현장에서 활용될 때에는 PBL이라고 불리는 것이다.

이에 반해 DC기반 학습은 액션러닝이나 PBL과 여러 면에서 차이가 있다. 첫째, DC기반 학습에서도 현장에서 도출된 문제를 사용하는데, 이 문제는 액션러닝에서처럼 학습자들이 자율적으로 선정하는 문제도 아니고, PBL에서처럼 교수자가 간단히 구성하는 문제가 아니다. DC기반 학습에서는 학습과제로써 모의과제를 개발해서 사용하게 되는데, 이 모의과제는 현장에서 발생하는 상황 중에서 학습하고자 하는 '역량'이 나타날 수 있도록 체계적으로 개발한 과제이다. 즉, DC기반 학습에서 사용하는 모의과제들은 사전에 치밀하게 계획해서 전문적으로 제작하는 고도의 개발 과정을 거치게 되며, 각각의 과제는 해당 역량들이 역량진단 및 역량개발 과정에서 충분히 잘 드러날 수 있도록 만들어진다. 또한, 각 과제들이 해당 역량을 잘 반영하고 있는지를 과학적으로 검증하는 신뢰도와 타당도 검증 작업이 사전에 진행된다. 이런 점에서 DC기반 학습에서 사용하는 과제들은 액션러닝이나 PBL에서 사용하는 과제들에 비해 과학적 엄밀성, 진단의 정확성에서 큰 차이를 보이며, 과제의 복잡성과 규모가 비교가 안 될 만큼 더 크다. 물론, 이런 이유 때문에 모의과제를 개발하는데 시간과 비용이 많이 요구된다는 점이 단점이 될 수는 있다. 그러나, 비용을 들이지 않고 손쉽게 어떤 결과를 얻고자 한다면 과학적이고 정밀한 결과는 포기해야 할 것이므로, 이는 어찌보면 당연한 귀결이다.

둘째, DC기반 학습에서는 액션러닝이나 PBL과 다르게 역량에 대한 진단과 피드백 과정이 포함된다. 이를 위해 DC기반 학습의 설계 단계부터 역량모델링을 먼저 하게 되며, 역량 진단 후에는 학습자들에게 자신의 현재 역량 수준을 피드백함으로써 자신이 어떤 역량에서 우수하고 어떤 역량에서 부족함이 있는지를 알게 한다. 즉, DC기반 학습에서는 자신의 현재 역량 수준에 대한 학습자들의 자기 인식이 높아져서, 그 후에 역량개발에 대한 동기 수준을 높이는 효과를 가진다. 특히 그룹과제에서는 과제를 수행하는 과정에서 자신과 유사한 위치에 있는 동료 학습자들과 자연스럽게 비교가 되기 때문에 학습자들의 자기인식과 역량개발 동기가 극대화되는 효과가 나타난다.

셋째, DC기반 학습에서도 학습자들 간의 상호작용이 활발히 일어나는데, 액션러닝이나 PBL에서 나타는 상호작용과는 그 형태나 내용이 다르다. 액션러닝이나 PBL에서 나타나는 상호작용은 학습자들이 공동으로 주어진 문제를 함께 협력하면서 해결해 나가는 형태의 상호작용이다. 그러나, DC기반 학습에서는 모의과제를 수행하는 동안에 학습자들이 함께 문제를 해결할 수도 있고, 학습자들끼리 서로 경쟁할 수도 있다. 뿐만 아니라, 역량 진단 후에는 다른 학습자들의 역량에 대해 상호 피드백을 주고 받는 형태의 상호작용이 추가된다. 이런 상호작용 과정을 통해 DC기반 학습에서는 해당 역량에서 서로의 장단점을 파악할 수 있다. 해당 역량에서 우수한 사람과 부족한 사람간의 상호 피드백은 제3자나 강사로부터 일방적으로 피드백 받을 때에 비해 피드백 수용도가 매우 높으며, 피드백 수용도가 높다는 것은 그 만큼 학습자가 자신의 역량을 개발하고자 하는 의지와 동기를 높이게 된다.

넷째, DC기반 학습은 액션러닝이나 PBL과 다르게 교수자의 역할이 매우 중요하고 크게 작용한다. 액션러닝이나 PBL에서 교수자는 전체 과정을 기획하고, 운영하며, 평가하고 피드백하는 역할을 하는데, DC기반 학습에서의 교수자는 이것 이외에도 퍼실리테이터로서 훨씬 더 다양하고 전문적인 역할을 소화해야 한다. DC기반 학습에서의 교수자는 퍼실리테이터로서 과정 운영자뿐만 아니라 내용 전문가, 역량 평가자, 역할 연기자, 피드백 제공자 등의 역할을 수행하게 된다. 따라서, 퍼실리테이터에게는 AC 및 DC에서의 개발 경험, 평가 경험, 피드백 경험 등이 요구되며, 이에 대한 전문적인 훈련이 필요하다.

제 2장
DC기반 학습 과정개발을 위한
역량모델링

DC기반 학습은 실제 업무상황과 유사한 모의상황을 교육장면에서 활용함으로써 학습자들의 능력과 수행수준을 평가하고, 학습자들이 자신의 수준을 인식하도록 하여 자기개발의 의욕을 가지도록 하며, 올바른 행동의 학습을 통해 효과적인 자기개발 계획의 수립을 가능하게 하는 교수전략의 한 방법이라고 할 수 있다.

DC기반 학습방법에서 우리가 얻을 수 있는 학습 효과는 다음과 같다.

1) 학습 역량의 개념 및 역량 발휘를 위한 구체적인 행동방향 이해
2) 새로운 역할에서 요구되는 역량수준 점검 및 타인과의 비교를 통한 역량수준에서의 차이 발견
3) 동료·퍼실리테이터의 피드백을 통해 자신의 장·단점 인식 및 개선 방향 설정
4) 우수한 타 교육생의 수행을 관찰하면서 해당 역량 습득
5) 모의과제 실습을 통해 해당 역량에 대한 현업 전이가능성 증진
6) 자신의 역량개발계획을 설정하고 실천해나감으로써 실행력의 증진
7) 해당직급이나 위치에서 요구되는 역할을 성공적으로 수행해 낼 수 있는 역량의 개발

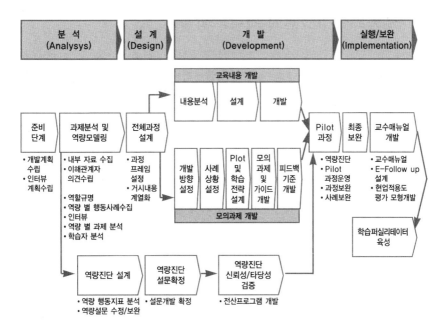

그림 3. DC기반 학습의 개발 프로세스

　　DC기반 학습의 개발은 다음과 같은 프로세스로 전개된다. 먼저 과정 개발
의 니즈분석 단계를 통해 교육목적과 교육대상을 정해야 한다. 교육의 목적
과 대상이 정해지면 그 다음으로는 교육대상자의 역할을 규명하고 성공적 역
할수행에 필요한 역량을 도출하는 분석단계, DC기반 과정 프레임을 설계하
는 설계단계, 마지막으로 교육내용과 모의과제를 개발하는 개발단계가 필요
하다. 이번 장에서는 이러한 개발 프로세스 중 DC기반 학습에서의 역량모델
링에 대해서 논의하고자 한다. DC기반 학습에서의 역량은 중요한 의미를 가
진다. DC기반 학습을 통해 개발하고자 하는 목표가 역량이기 때문이다.

1. 역량의 의미와 DC기반 학습에서의 역량 활용

역량은 '높은 성과를 올리기 위해서 안정적으로 발휘되는 능력', '조직 내고(高)성과자가 보이는 특징들 중 저(低)성과자들과 구분되는, 성과와 연계된 개인의 행동 특성' 등으로 정의될 수 있다. 일반적으로 역량과 능력이라는 용어가 명확히 구분되지 않은 채 사용되는 경우들이 있다. 그러나 엄밀히 말해 능력이 과업과 직무책임에 기초한 것이라면, 역량은 행동에 기초한 능력이라고 할 수 있다. 또한 능력은 직무와 관련되어 있지만 역량은 개인과 관련되어 있다. DC기반 학습에서는 개인의 역량증진과 관련된 것을 다루기 때문에 어떠한 역량을 학습할 것인가가 과정설계의 중요한 관건이다.

이러한 역량은 DC기반 학습에서 아래와 같은 용도로 활용될 수 있다.

1) 학습과제 개발의 방향제공

역량은 학습과제인 모의과제 개발의 방향을 제공한다. 학습자가 학습해야 할 역량이 어떤 역량군에 속하는지에 따라, 즉 대인관련 역량, 업무수행역량, 조직관리역량 중 어느 역량인가에 따라 개발해야 할 학습과제, 즉 모의과제의 유형이 결정된다.

2) 행동 관찰의 포인트

역량은 학습자가 모의과제를 수행할 때 관찰자가 무엇을 관찰하고 무엇에 대해 피드백해야 하는가를 판단하는 기준으로 활용된다.

3) 행동 수준의 판단 기준

역량은 학습자가 과제를 수행하는 과정에서 보이는 행동들이 올바른가를 판단하는 기준이 된다.

4) 피드백 및 자기개발의 기준

역량은 학습자가 자신의 강점과 약점을 파악하여 자신의 어떤 역량을 어느 정도의 수준으로 개발해야 하는지에 대한 기준을 제공해준다.

2. DC기반 학습을 위한 역량의 요건

모든 역량이 DC기반 학습과정에서 다루기에 적합한 것은 아니다. 예를 들어, 어떤 역량은 오랜 기간에 걸쳐서 발휘되므로 모의과제 수행 과정이나 짧은 시간의 상호학습 과정에서 관찰되기 어려울 수 있기 때문이다. 따라서 DC기반 학습에서 다룰 역량은 다음의 특정한 요건을 만족시켜야 한다.

1) 관찰가능성

DC기반 학습과정에서 다루어지는 역량은 관찰 가능해야 한다. 역량의 관찰 가능성이란, 역량을 파악하기 위해 개발된 행동지표들이 관찰 가능해야 함을 의미한다. 즉, 모의과제 수행 과정을 통해 해당 역량이 명확하게 행동으로 표출될 수 있어야 한다.

2) 이해용이성

역량은 명확하게 정의되고 이해하기 쉬워야 한다. DC기반의 학습과정에서는 역량 전문가인 퍼실리테이터 뿐 만 아니라 학습자들 스스로 서로의 행동을 관찰하여 역량을 평가하고 피드백하여야 한다. 따라서, 역량의 명칭과 정의가 학습자들이 쉽고 명확하게 이해할 수 있도록 구성되어야 한다. 이를 위해서는 명료한 언어를 사용하고 은어적인 표현은 피해야 하며, 역량의 구조가 단순하면서도 논리적이어야 한다.

3) 직무연관성

역량은 학습자들의 직무와 직접적인 연관성이 있어야 한다. DC기반 학습과
정의 핵심적인 성공요인 중 하나는 모의과제가 학습자의 업무상황을 정확히
반영하는 것이며, 이것은 모의과제를 통해 발휘되는 역량이 직무수행과 직접
적으로 연관된 것일 때 가능하게 된다.

4) 상호독립성

역량의 상호독립성이란 행동지표들이 차별화 되어야 함을 의미한다. DC기
반 학습과정은 일반적인 학습과정과 달리, 모의과제에서 나타나는 행동에 대
한 관찰과 피드백을 통해 학습이 이루어지게 되므로 역량을 측정하는 행동지
표들이 명확해야 하며, 하나의 행동이 하나의 행동지표하고만 연결되어야 한
다. 만약 역량별 행동지표들이 서로 유사한 내용이라 구분이 어렵다거나, 하
나의 행동이 여러 역량의 행동지표들과 연관되어 있다면 관찰자들이 학습자
의 행동 수준을 판단하고 피드백 하는데 어려움을 겪을 것이다. 또한 한 가지
행동지표 내에 여러 가지 행동들이 포함되어 있어서 모의과제를 수행하는 학
습자가 한 지표 내의 특정 부분에서만 뛰어나고 다른 부분에선 그렇지 못한
경우도 역량에 대한 판단과 피드백이 어려울 수 있다.

3. 역량모델링의 의미와 구성

DC기반 학습에서의 역량은 과정개발의 방향제시, 과정운영에서의 활용, 수
행 피드백의 기준으로 사용되기 때문에 역량의 명칭, 역량의 정의, 하위역량,
행동지표 등을 사전에 명확히 정의하여야 하며, 이를 위해서는 역량모델링을
해야 한다. 역량모델링(Competency Modeling)이란 일반적으로 조직의 특성

과 사용 목적에 따라, 일정한 절차와 방법을 적용하여 특정 집단의 역량이 무엇인지를 규명하는 작업이며, '고성과 창출의 원인이 되는 교육대상자들의 행동특성을 명확화, 구체화하여 목록화한 것'으로 정의 될 수 있다. 역량모델링에서 '역량을 규명한다'는 것은 역량에 대한 정의를 내리는 것뿐만 아니라, 특정 역할에서 요구되는 구체적 행동특성까지 표현해내는 것을 말한다. 또한 고성과자의 일관된 행동특성이나 사례를 일반화하여, 조직에서 동일한 직무를 수행하는 사람들이 공통의 행동기준으로 삼을 수 있도록 체계적으로 정리, 정의한 것을 행동지표(Behavioral Indicator)라고 한다. 행동지표는 학습과정에서 역량을 관찰·피드백하고, 측정하는 중요한 기준이 된다.

차원	역량	역량정의	행동지표
혁신리더	변화관리	변화의 필요성을 인식하여, 조직의 변화를 이끌어 낼 수 있는 역량	• 조직에 어떤 변화가 필요한지를 먼저 인식함 • 변화의 필요성을 조직의 목표와 연계하여 구성원들에게 전파함 • 변화에 대한 저항 및 장애요소를 사전에 파악하여 제거함 • 변화를 촉진하기 위한 방안들을 도입함
	전사적 사고	전사적인 관점에서 조직을 이끌고 업무를 추진하는 역량	• 회사 전체의 이익을 우선시 함 • 회사 전체에 미치는 영향을 고려하여 의사결정하고 행동함 • 담당 조직(또는 개인)의 목표를 상위조직의 전략 및 목표와 연계시킴 • 타부서와의 시너지 창출을 위해 적극적으로 협력함
성과리더	의사결정	다양한 요소들을 고려하여 합리적으로 최선의 의사결정을 하는 역량	• 근거를 가지고 판단함 • 결정시기에 따른 예상되는 결과를 고려하여 결정의 시기를 판단함 • 의사결정의 결과와 파급효과를 고려함 • 주어진 여건과 상황을 고려하여 최선의 결정을 내림
	성과관리	조직 전체의 목표달성을 차질 없이 이끌어내는 역량	• 구성원들의 참여를 통해 측정가능하고 명확한 목표와 성과기준을 설정함 • 구성원들의 기대와 역량을 고려하여 업무를 할당함 • 구성원들의 업무수행을 주기적으로 점검하고 건설적 피드백을 제공함 • 기준에 따라 구성원들의 성과를 공정하게 평가하고 보상을 제공함

표 1. 역량모델링 예시

예를 들어 '변화관리' 역량은 '변화의 필요성을 인식하여, 조직의 변화를 이끌어 낼 수 있는 역량'으로 정의할 수 있다. '변화관리' 역량의 행동지표로는 '조직에 어떤 변화가 필요한지를 먼저 인식함', '변화의 필요성을 조직의 목표와 연계하여 구성원들에게 전파함', '변화에 대한 저항 및 장애요소를 사전에 파악하여 제거함', '변화를 촉진하기 위한 방안들을 도입함' 등이 있을 수 있다. 이렇게 정의된 행동지표는 DC기반 학습에서 학습자들이 성공적으로 수행하는 행동의 기준, 상호 관찰의 포인트, 피드백의 기준으로 활용되는 것이다.

역량모델링을 통해 도출된 역량의 정의, 행동지표 등을 체계적으로 정의한 것을 '역량사전'이라고 한다. 역량모델링의 결과물로 제작되는 역량사전은 학습자들이 학습과정상에서 공통 언어로 이해하게 되는 실천 가이드라고 할 수 있다. 성공적인 DC기반 학습을 위해서는 학습자 상호간의 정확한 관찰 및 피드백 제공이 이루어져야 하므로, 학습자들이 개발하고자 하는 역량의 정의와 행동지표를 명확하게 이해하고 기억하는 것이 선행되어야 한다. 학습자들의 이해와 기억을 돕기 위해서 역량의 명칭, 정의, 행동지표가 반드시 명확하게 정의되어야 하는 것이다.

DC기반 학습은 특정계층의 리더십개발이나 신임자의 역할증진을 위한 교육과정에 보다 적합하게 적용될 수 있다. 이러한 경우, 역량모델링은 각 직급별 역할과 역량을 부합시키는 리더십 파이프라인 모델을 적용하는 것이 필요하다. 이 때 각 직급별 역할에 따라 차별적인 역량요소가 도출될 수 있으며, 같은 역량이라 하더라도 직급별로 요구되는 질적 수준이 다를 수 있는데 이러한 점을 반영하여 역량모델을 개발해야 한다. 즉 직급별 역량간의 연계(그림 4의 예시에서 직급별 문제해결 역량)와 역량간의 위계(그림 4의 예시처럼, 같은 문제해결 역량이라 하더라도 대리급은 업무개선 수준에서의 문제해결에 중점을 두고 팀장급은 전략적 사고 수준에서의 문제해결에 중점을 두는 것이 바람직함 고려함)를 고려한 역량모델이 될 수 있도록 해야 할 것이다.

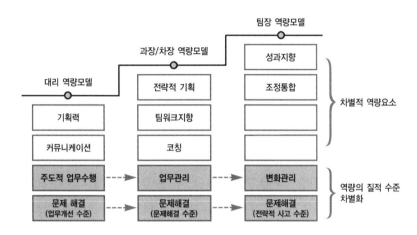

그림 4. 직급별 역량요소가 체계적으로 연결된 역량모델 도출 예시

4. 역량모델 도출의 절차와 방법

역량 정의나 행동지표가 부정확하게 서술되거나 상호모순될 때 역량 관찰과 상호 피드백 시 상당한 문제가 발생할 수 있다. 따라서 역량모델의 도출은 구조화된 프로세스로 정밀하게 전개되어야 한다. 이제 역량모델 도출 단계에 대해 간단하게 언급하고자 한다.

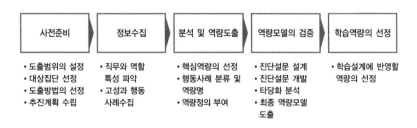

그림 5. DC기반 학습 설계를 위한 역량 도출 단계

1) 1단계: 사전준비

제 1단계는 역량모델 구축을 위한 사전 준비단계로 역량을 도출하고자 하는 범위를 선정하고 대상 집단을 결정한다. 또한 역량모델의 활용목적을 명확히 설정해야 하며, 사용할 역량모델링 방법을 결정하고, 구체적인 추진계획을 수립한다. 역량 도출 방법으로는 조직내부에서 직접 수집한 자료로 조직의 역량을 도출하는 방법과 기존의 역량모델 풀(Pool)을 활용하여 조직에 맞춤화를 시도하는 방법이 있다. 전자의 경우는 일반적으로 행동사건면접(Behavioral Event Interview; BEI), 내용전문가(Subject Matter Expert; SME)[1] 워크숍, 설문조사 등을 통해 자료를 수집하게 된다. 워크숍은 CWM(Consensus Workshop Method)[2]이라는 Top(Technology of Participation) Facilitation 의 방법으로 진행하면 보다 효율적이고 창의적인 방법으로 자료를 수집할 수 있다. 후자의 경우는 역량모델 풀(Pool)을 이용하여 개략적인 역량을 도출한 후 내용전문가(SME) 워크숍이나 행동사건면접(BEI) 등을 통해 보완하는 절차를 거친다. 이 두 가지 방법 중 어느 것을 선택할 것인가는 역량 도출에 필요한 시간과 비용, 조직내부의 여건들을 고려하여 선정하는 것이 바람직하다.

2) 2단계: 정보 수집

역량모델을 도출하기 위해서는 대상 직급과 역할에 대한 기초 정보를 수집하고 분석하여, 해당 직급과 역할의 특성을 파악할 필요가 있다. 따라서 2단계에서는 해당 직급과 역할에서 '고성과자'가 어떤 사람인지를 명확히 정의하고, 그런 사람들에게서 보여지는 행동사례들을 수집하게 된다. 또한 해당 직

---

1) 내용 전문가(Subject Mater Expert; SME): 해당 직무 또는 과제의 내용(특히, 직무 또는 과제에서 요구되는 지식, 기능, 태도적인 측면에서)을 잘알고 있고, 잘 수행하고 있는 사람
2) CWM(Consensus Workshop Method; 합의형성 기법): 카드와 sticky wall을 이용한 워크숍 기법으로 모든 참가자들이 골고루 토의에 참여하여 다양한 아이디어를 내도록 하며, 공통의 초점을 개발하여 합의를 도출하게 함.

급·역할에서 우수한 성과를 달성하기 위해 필요한 지식(Knowledge), 기술(Skill), 능력(Ability), 성격특성(Character)들이 무엇인지 밝혀내고 정리해야 한다. 이러한 정보를 수집하기 위해 행동사건면접(BEI)을 이용할 수도 있으며, 내용전문가(SME) 워크숍을 실시할 수도 있다. 내용전문가(SME) 워크숍은 그림 6처럼 먼저 역량에 대한 지식을 공유한 후, 전문 퍼실리테이터의 진행 하에 토의를 통하여 역량도출에 필요한 정보를 도출하고 정리하는 단계로 진행된다.

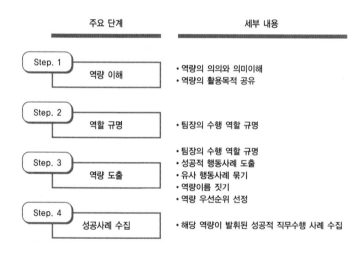

그림 6. 역량도출을 위한 내용전문가(SME) 워크숍 예시

3) 3단계: 분석 및 역량도출

3단계는 실질적인 '역량모델'을 도출해내는 단계로 앞서 수집한 자료들을 분석·검토하여 '고성과자'와 '저성과자' 간에 차이가 나타나는, 실제 '우수한 성과'와 관련이 있는 행동특성들을 추려내게 된다. 이를 위해 먼저 각 행동특성들이 성과와 정적인 상관관계를 갖고 있는지를 파악해야 한다. 예를 들어 '약속을 잘 지킨다'라는 행동사례의 경우, 약속을 잘 지키는 사람들이 그렇지

않은 사람들에 비해 정말로 성과가 높은지를 분석하게 된다. 이렇게 선별된 행동사례들을 관련성에 따라 묶거나 분류하여 하나의 명칭을 붙여주고 정의를 부여하면, 바로 이것이 '역량명' 과 '역량정의' 이다. 분석은 통계적으로 '요인분석(Factor Analysis)' 기법을 활용하여 실시하거나, 내·외부 전문가들의 내용분석을 활용하여 실시할 수도 있다.

4) 4단계: 역량모델의 검증

도출한 역량모델을 실제로 사용하기 위해서는 반드시 제3자, 혹은 내부 전문가에 의한 검토가 필요하다. 4단계에서는 워크숍이나 설문조사 등을 통해 3단계에서 도출한 역량이 해당 직급 및 역할에 적합한지를 검증한다. 이렇게 수집된 의견이나 수정사항들을 반영하여 최종적인 역량모델이 만들어지게 된다.

5) 5단계: 학습역량의 선정

도출한 역량 모두를 DC기반 학습 설계에 반영하기는 현실적으로 어렵다. 따라서 도출된 역량들 중 어떤 것이 DC기반 학습에 적합한 역량인지를 선정해야 한다. 이를 결정하는 기준으로 측정가능성과 개발가능성이 있다. 즉, 역량이 행동 및 반응으로 나타나고 관찰가능하고 측정될 수 있는 역량인가, 진단 및 교육을 통하여 개선·개발 가능한 역량인가를 판단해야 한다. 예를 들어, 책임감, 성실성, 관계구축과 같은 역량은 모의과제의 수행을 통해 관찰이 어려운데, 이와 같은 역량은 다른 교육 방법을 사용하여 개선·개발을 고려하여야 할 것이다.

결국 역량모델링을 통하여 도출된 역량이 DC기반의 학습설계에 반영할 수 있는가를 결정하는 것이 이 단계의 핵심일 것이다. 일반적인 역량모델에서 도출된 역량이 행동지표로 활용될 수 있는지, 모의과제로 개발 가능한 역량인지, 교육내용으로 구성 가능한 역량인지를 판단해야 하는 것이다.

제 3장
모의과제의 설계와 개발

역량모델링이 완성되면 해당역량을 학습할 수 있는 학습과제로서 모의과제를 개발하여야 한다. 본 장에서는 모의과제의 의미와 유형, 개발절차와 개발 방법을 기술하고자 한다

1. 모의과제(Simulation Exercise)의 의미와 효과

모의과제란 현업과 유사한 상황을 학습장면에 구현하여 학습자가 실제 직무와 유사한 과제를 수행하도록 함으로써 역량이해, 역량인식, 역량진단, 행동관찰과 상호피드백이 이루어질 수 있도록 개발된 학습과제라고 정의할 수 있다. DC기반 학습에서 모의과제는 학습자가 장차 수행해야 할 직무상황을 반영한 가상의 문제상황을 제시하고, 학습자가 문제를 해결하는 과정에서 노출되는 행동, 반응·응답, 결과 등을 관찰, 기록한 뒤 본인에게 피드백을 제공하는데 이용된다.

모의과제가 학습자가 직무를 수행하는 상황과 유사하지 않으면 과제 수행에 대한 열의나 몰입도가 떨어질 뿐 아니라, 관찰자가 학습자의 역량 수준을 정확하게 파악하기 어렵고, 학습한 내용의 현업 적용도 또한 낮아지게 된다. 따라서 DC기반 학습의 성공여부는 개발하고자 하는 역량을 관찰할 수 있는

모의과제를 현장 상황과 얼마나 유사하게 만드는지에 달려 있다.

모의과제를 활용함으로써 아래와 같은 효과를 얻을 수 있다.

1) 역량이해

학습하고자 하는 역량의 개념과 역량발휘를 위한 구체적인 행동방향을 이해하게 된다.

2) 역량의 인식

성공적인 직무·역할수행을 위해 해당역량이 얼마나 중요하고 필요한지를 인식하게 된다.

3) 역량진단

자신의 역량수준 점검 및 타인과의 비교를 통하여 역량수준 차이를 발견하게 된다.

4) 실습 및 피드백

모의과제를 수행함으로써 동료 및 퍼실리테이터의 피드백을 통해 자신의 장·단점 인식 및 자신의 역량개발의 방향을 설정하게 된다. 또한 우수한 타 학습자의 수행을 관찰하며 해당 역량을 습득하게 된다. 그리고 모의과제 실습 자체를 통하여 해당 역량을 학습하게 된다.

2. 모의과제의 유형

모의과제는 일반적으로 개인과제, 대인과제, 집단과제로 구분할 수 있다.

개인과제는 개인이 독자적으로 과제를 수행하는 유형으로 정보처리의 분석, 문제해결안의 작성, 의사결정, 분석발표 등 일반적인 사무업무를 하는 과제이다. 대표적인 개인과제 유형으로는 미결업무처리기법(In-basket), 구두발표(Presentation)를 들 수 있다. 대인과제는 면대면 과제를 수행하는 유형으로 부하나 고객, 기타 관계자와의 의사소통이 요구되는 상황에서 문제해결, 동기부여, 갈등해결, 이해조정, 협상 등의 대인스킬을 요구하는 과제이다. 대표적인 유형으로 회견 또는 면담(Interview), 역할연기(Role-play) 등이 있다. 마지막으로 그룹과제는 회의, 위원회 활동, 다자 협상 등 일반적으로 그룹 속에서의 문제해결이나 과제를 처리하고 의사소통스킬을 발휘하여 적절한 의사결정, 문제해결, 공동목표달성을 위한 과제로, 대표적인 유형으로 그룹토의(Group discussion), 그룹 미결업무처리(Group In-basket), 팀 캐비넷(Team cabinet) 등의 과제유형이 있다.

1) 미결업무처리(In-basket)

미결업무처리 과제는 일정한 상황들을 가정하고 정해진 시간 내에 많은 양의 미해결 업무를 처리하도록 하는 과제이다. 미결업무처리 과제는 일반적으로 성과관리, 업무지시와 같은 관리자가 갖추어야 할 역량을 측정하기에 적절한 방법으로 알려져 있으며, 실제로도 관리자를 대상으로 한 평가 및 교육 장면에서 가장 빈번하게 사용되고 있다. 또한, 다른 모의과제 기법과는 달리 학습자가 다양한 서류에 제시된 문제들의 해결방안을 답안지에 하나씩 작성해나가는 방식으로 실시되어 학습자의 역량이 작성된 문서를 통해 평가되기 때문에, 퍼실리테이터가 과제 수행 과정을 직접 관찰할 필요가 없다.

2) 구두발표(Presentation)

구두발표 과제는 학습자가 주어진 문제상황과 과제를 분석하여 다른 학습자들에게 구두로 보고하는 형식이다. 학습자는 제시된 자료를 분석하여 자료에서의 문제발생 원인을 탐색하고 해결방안을 제시하는데 초점을 둔다. 구두발표 과제는 주로 의사소통, 표현력, 창의성, 논리적 사고 등의 역량을 평가하는데 적합하다. 다양한 모의과제 기법들과 함께 사용하기에 적합하다는 장점이 있다.

3) 역할연기(Role-play)

역할연기 과제는 다른 사람과의 상호작용을 통하여 주어진 과제를 해결해 나가는 대인과제 방식이다. 역할연기 과제는 말 그대로 자신에게 주어진 역할을 맡아 과제 상황에 맞게 주어진 시간 동안 역할연기자와 함께 연기를 하는 과제이다. 역할연기 과제는 주로 관리자의 관계관리 역량인 의사소통, 동기부여, 부하육성, 코칭, 협상력, 갈등관리, 조정·통합역량을 학습하는 데 적합하다. 역할연기는 1:1 역할연기와 1:2 역할연기로 나뉘는데, 1:1 역할연기 과제는 의사소통, 동기부여, 부하육성, 코칭 역량을 학습할 때 주로 쓰이며, 1:2 역할연기는 협상력, 갈등관리, 조정·통합 역량을 학습할 때 자주 활용된다.

4) 그룹토의(Group discussion)

그룹토의는 '역할있는(assigned) 그룹토의'과 '역할없는(non-assigned) 그룹토의'로 구분된다. 역할있는 그룹토의에서 각 학습자들은 구체적인 역할을 부여 받게 된다. 반면, 역할없는 그룹토의에서는 각 학습자들은 구체적인 역할을 부여 받지 않고, 전체 그룹이 하나가되어 주어진 과제를 수행하게 된다. 그룹토의는 표현력, 적극적 경청, 합리적 판단력, 공유된 문제에 대한 해결책 도출, 협력 등과 같은 타인과의 상호작용이 요구되는 업무 수행역량을 학습하는 데 적합하다.

5) 그룹 미결업무처리(Group In-basket)

그룹미결업무처리는 실제 직무상황과 유사하게 팀 단위에서 해결해야 할 여러 가지의 매우 많은 분량의 관련 업무들이 부여되고, 한 팀을 이룬 조원들은 정해진 시간 내에 주어진 과제들을 공동으로 해결해야 하는 기법이다. 학습자들은 짧은 시간에 많은 분량의 정보를 이해하고 수행해야 한다. 이 유형의 과제는 주로 공동작업에서의 상호작용을 평가하고자 사용되며, 문제해결, 성과지향, 의사소통, 문제인식 및 해결, 팀워크, 조정·통합, 리더십, 업무관리 역량을 학습하는 데 적합하다.

6) 팀 캐비넷(Team cabinet)

팀 캐비넷은 그룹별로 특정한 과제를 부여하고 그 상황속에서 팀원들 간의 의사소통 및 공동작업, 상호작용을 통하여 문제를 해결하게 하는 과제이다. 학습자들은 정보량은 적지만 다양한 의견이 가능한 과제에 대해 상호합의를 이루어야 한다. 주로 문제해결, 팀워크, 공감적 경청, 판단력, 분석력, 주도성 등을 평가하는 데 적합하다. 이 기법은 통상 아이스 브레이킹으로 활용하기에도 적합한 기법으로, 장시간의 학습에서 벗어나 가벼운 과제수행을 하면서 역량을 학습하는 데 이용될 수 있다.

3. 모의과제 개발의 절차와 방법

모의과제 개발은 총 7단계를 거치며, 단계별로 3개의 하위 절차를 거쳐 개발할 수 있다.

1) 개발방향 설정

모의과제의 개발방향을 설정하는 첫 단계는 우선 학습하고자 하는 역량을 분석하는 것이다. 역량정의와 행동지표를 검토하여 모의과제 수행으로 관찰 가능한 역량인지 파악해야 한다. 두 번째 단계에서는 역량과 모의과제를 조합한 매트릭스(Matrix)를 만들어 다양한 역량을 어떠한 모의과제로 학습할 것인가를 결정한다. 이때 학습대상 인원과 가용자원을 고려하여 시나리오(Scenario) 수 등을 결정한다. 세 번째 단계에서는 학습설계로 교육시간과 교육인원을 감안하여 모의과제를 어떤 위계로 전개할 것인지를 설계하는 단계이다.

2) 사례 수집 및 선정

시나리오에 대한 개발방향을 설정한 후에는 해당 모의과제의 상황을 어떻게 설정할 것인가를 결정해야 한다. 첫 번째 단계로 사례를 수집한다. 학습자의 역할별, 핵심업무영역별로 학습에 사용할 사례를 현장으로부터 수집한다. 두 번째 단계로 과제개발개요안(One page proposal)을 작성한다. 이는 수집된 사례를 간단하게 정리하고 요약하는 것이다. 이 때는 가능한 다양하고 많은 수의 사례를 내용전문가(SME)로부터 수집하여 사례개요, 학습역량, 과제기법 등이 포함되도록 정리한다. 세 번째 단계로 수집된 사례들 중 학습에 적용할 사례를 선정한다. 사례를 선정할 때는 역할적합성(사례의 내용 및 의사결정의 주체가 학습자의 역할과 부합되는지), 역량적합성(측정역량이 학습자로부터 드러날 수 있는지), 구체성(의사결정 및 자료작성을 위해 요구되는 시간이 적합한지), 공개성(해당 사례가 외부에 공개되어도 무관한지) 등을 고려하여 선정한다.

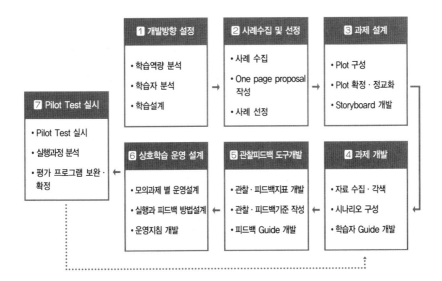

그림. 7. 모의과제 개발의 절차와 세부단계

3) 과제 설계

이 단계에서는 모의과제를 구체적으로 설계하는 단계이다. 첫 번째로 플롯 (Plot)을 구성한다. 사례를 각색하여 플롯을 구성한다. 시나리오 구조, 시나리오의 개요, 학습자의 학습과제, 관찰평가방안, 평가역량 등이 포함되어야 한다. 시나리오의 개요에는 등장인물과 주제, 갈등이나 문제 상황이 포함되어 있어야 한다. 두 번째는 개발팀과 조직내 내용전문가(SME)회의를 통하여 플롯을 확정한다. 세 번째는 스토리보드(Story board)를 개발한다. 플롯에 따라 구체적인 이야기를 구성하여 세부 내용들을 설계한다.

4) 과제 개발

스토리보드에 따라 시나리오를 완성하는 단계이다. 첫 번째는 자료를 수집하고 각색하는 단계이다. 내 · 외부 자료를 수집하고 이를 각색하여 시나리오를 완성한다. 두 번째는 시나리오를 검토하는 단계이다. 개발팀과 내용전문가 (SME) 미팅을 통하여 시나리오의 적절성을 검토한다. 세 번째 단계는 학습자 가이드를 개발한다. 시나리오를 최종 완성하고 학습자의 행동 가이드를 개발한다.

5) 관찰 · 피드백 도구개발

완성된 시나리오를 실행하여 학습 포인트를 개발하는 단계이다. 우선 관찰 및 피드백을 위한 지표를 개발한다. 역량별 행동지표를 해당 시나리오에 맞게 평가지표 또는 관찰지표로 전환한다. 두 번째로 관찰 및 피드백을 위한 기준을 작성한다. 각 역량별로 행동 고정 척도(Behaviorally anchored Rating Scale; BARS)[1]나 행동 관찰 척도(Behavior Observation scale; BOS)[2] 형태로 피드백기준을 개발한다. 이를 근간으로 세 번째 단계로 피드백 가이드를 개발한다. 피드백 가이드에는 상호 관찰시 학습자들에 대한 피드백 지침, 과제 수행 후의 과제요약, 피드백지침, 퍼실리테이터의 역할 등이 포함되어야 한다.

6) 상호학습 운영 설계

이 단계는 완성된 모의과제를 어떻게 활용하여 학습을 할 것인가를 설계하는 단계이다. 이 단계는 모의과제별 운영방법을 설계하고 그에 따른 세부 실행과 피드백 방법의 설계, 그리고 운영지침을 개발하는 단계로서 DC기반 학습의 교수설계에 해당하는 부분이다. 모의과제 유형별로 학습 프로세스를 어떻게 설계할 것인가에 대한 내용이 될 것이다.

---

1) 행동 고정 척도(Behaviorally anchored Rating Scale; BARS): 평정하고자 하는 역량 차원과 척도점의 의미가 가지고 있는 모호성을 감소시키기 위해 여러 척도점의 앵커(anchor)들을 명확한 행동적 진술문으로 구성하여, 행동 진술문의 충족 수준에 따라 평정하는 방법.
2) 행동 관찰 척도(Behavior Observation Scale; BOS): 행동 진술문 목록에 제시되어 있는 각각의 행동의 발현 빈도를 측정하여 평정하는 방법.

1대1 역할연기

 신규 사업 추진 핵심인재들의 갈등

❖ 제시상황

- 김인식상무는 최근 매출 신장을 위한 다양한 전략을 모색하고 있으며, 이를 위해 B부장을 주축으로 하여 신규 사업 프로젝트 추진을 지시하였음.
- 평소 B부장은 날카로운 통찰력과 추진력으로 일 처리를 잘하여 신임하고 있었음.
- 그러나 B부장과 함께 일하는 팀원들의 불만 섞인 소리가 여기저기서 들려오고 있음. 부정적인 시각으로 사람이나 사물을 대해 주변 사람들과 불화를 만들고 있음. 한편 B부장과 함께 팀의 주축이 되고 있는 C차장은 개인적인 사정으로 힘든 상황에서 B부장의 업무 압력에 적응이 안되어 프로젝트에서 제외 시킬 것을 요청한 상황임.
- 신규 사업을 추진해야 할 핵심인재들의 불화로 인해 프로젝트의 진척이 거의 없는 상황임.
- 이에 따라 김인식상무는 B부장에게 면담을 요청하였음.

❖ 참가자 역할

- 참가자는 김인식상무 역할을 맡아 제시된 자료를 바탕으로 면담 전략을 수립하고 B부장과 면담해야 함.
- 면담을 통해 B부장에게 프로젝트 및 역할을 인식시키며, 프로젝트의 성공을 위해 팀원들과 조화롭게 일을 추진해 나가는 것의 중요성을 인식시켜야 함.

❖ 개발역량

- 비전제시, 의사소통, 팀워크 구축, 갈등관리

그림 8. 1대1 역할연기 모의과제 개요안(One page proposasl) 예시

7) 파일럿 테스트(Pilot test) 실시

완성된 모의과제 세트의 타당성을 검증하는 단계이다. 우선 모의 학습자들을 대상으로 파일럿 테스트를 실시하고, 그 결과를 분석하여 과제의 난이도, 시나리오 및 역량진단, 피드백 체계의 정교성과 상호관찰의 적절성을 분석한다. 이 결과를 토대로 시나리오 및 역량진단, 피드백 체계 상호학습 설계를 최종 확정한다.

		Role-play Storyboard		
상황		• ○○손해보험은 금융계열사들과 함께 금융네트워크를 구축하여 보험과 증권을 아우르는 원스톱 금융서비스를 제공하고 있음 • ○○손해보험은 2014년 업계경쟁사인 ○○화재와 합병에 성공, 금융의 복합화와 글로벌화 추세에 대응하고 서로의 장점을 결합하고 단점을 보완함으로써 규모의 경제 달성을 통한 시너지 창출을 기대하고 있음 • 그러나 합병 이후 이질적 조직문화 및 제도적 측면에서의 차이로 인해 잦은 갈등을 보이고 있음 • 최근, 법인영업 사업부문에서는 동일 고객사에 대한 팀간 과열경쟁으로 잦은 갈등이 발생하고 있으며, 금일 오전 사업부문내 팀장 미팅에서는 법인영업 1팀의 이범석팀장과 2팀의 함승진팀장이 언쟁과 함께 몸싸움을 벌이는 상황이 발행함		
과제		• 참가자는 법인영업사업부 김인식상무 역할을 맡아 위와 같은 상황을 배경으로 금일 오전 발생한 문제의 당사자인 법인영업 1팀의 이범석팀장과 2팀의 함승진팀장과의 면담을 통해 갈등을 해결하고 당사자간 원만한 합의를 이끌어내야 함.		
	자료형태	자료내용	학습역량	요청자료 및 질의사항
1	조직도	법인영업 1팀과 2팀의 조직도	• 과제내용의 이해와 팀의 조직도를 통해 상호관계에 대한 이해를 도움	
2	팀장 인사기록	각 영업팀의 팀장들의 인사기록으로 경력과 업무성과에 대해서 기록되어 있고 성격과 상사, 동료, 부하들의 다면평가 결과가 기록되어 있음 1팀의 팀장은 내성적이며, 꼼꼼하며, 책임감이 강하나 쉽게 흥분하고 고집이 셈 2팀의 팀장은 외향적이며, 활발하고 독창적인 아이디어가 많지만, 책임감이 약하고 실천능력이 부족함.	• 각 팀장들의 경력 및 성격을 파악하여 그들의 문제점에 대한 조언 및 피드백 제시 (부하육성)	• 요청자료 개인별 인사기록 카드 양식
3	실적 보고서	각 영업팀의 2015년도 상반기 실적보고서	• 보고서에 제시된 각 팀의 실적을 보고 그에 맞는 목표를 제시 (동기부여)	• 요청자료 실적보고서 양식
4	대화록	법인영업 1팀원들간의 대화 법인영업 1팀이 2팀한테 공유하기로 한 자료에 대한 준비를 끝냈지만 2팀은 아직 시작조차 하지 않아 그에 대한 불만을 가지고 있음	• 두 팀의 업무방식의 차이에 대한 갈등을 이해하는데 도움	• 질의사항 각 팀간에 업무협조나 교류를 하는 사례가 있다면 어떤 것들이 있는지?
5	대화록	법인영업 2팀원들간의 대화 법인영업 2팀은 지금 중요한 계약건과 합병후 실적향상을 목표로 시장조사와 신규고객 발굴에 전념하여 다른 업무에 대해 소홀한 것을 이해해 주지 않는 1팀에 대한 불만을 가지고 있음	• 두 팀의 업무방식의 차이에 대한 갈등을 이해하는 도움	• 질의사항 법인영업팀에서 업무내용들이 무엇이 있는지?
6	대화록	법인영업 1팀원들간의 대화 1팀의 팀원들간에 ○○○거래처가 2팀과 동일한 거래처여서 동일한 영업부안에서의 경쟁으로 논의를 통해 1팀쪽으로 거래를 전부 넘길수도 있도록 해야한다는 의견을 이범석팀장에게 제안함	• 합병되어 동일한 거래처를 가지고 있는 각 팀의 상황을 파악하는데 도움	

그림 9. 1대1 역할연기 스토리보드(Storyboard) 예시

제 4장
학습과정 설계를 위한 상호학습의 구조화

DC기반 학습은 기존의 강사의존적, 강의중심, 교재중심, 내용중심의 학습에서 벗어나 학습자 주도적, 문제중심적, 행동중심적, 역량중심적 학습환경을 제공한다. 기존의 지식습득 위주의 교육방식에서 탈피하여 실제상황에서 요구되는 역량을 개발하는 교수-학습모형이라고 할 수 있으며, 상황인식(Situation awareness)을 통해 현실 속의 경험으로 돌아가 자기인식과 변화가 일어나도록 설계된 방법이다. 이를 통해 현실의 업무수행에서 요구되는 역량을 밝혀내고, 그러한 역량의 활용을 경험할 수 있는 학습과제인 모의과제를 개발하는 것에 대하여 지금까지 설명해왔다. 상황인식이란 인간-인간, 인간-상황 간의 관계에서 발생하는 엄청난 양의 정보를 주의집중 상태에서 올바르게 분석하여 판단을 내리는 것을 의미한다. 주로 항공분야, 의학분야의 교육에 활용되던 개념으로, 최근 들어 깊이 있게 연구되는 분야이기도 하다. DC기반 학습은 이러한 개념을 리더십개발이나 관리역량의 교육에 적용해보는 시도이기도 하다. 이번 장에서는 개발된 모의과제를 어떻게 활용하여 실행하고, 성찰이 일어나도록 할 것인가 하는 학습방법과 계열화에 대해 논하고자 한다.

1. DC기반 학습의 전반적 교수전략

　일반적으로 모의과제를 활용한 DC기반 학습은 3단계로 이루어진다. 우선 역량의 개념과 DC기반 학습의 의의와 방법 등에 대해 이해하는 사전 준비단계와, 모의과제 학습이 진행되는 본 학습 단계, 학습활동에 대한 피드백과 자기평가를 통한 성찰 및 변화계획 수립이 이루어지는 마무리단계로 구성된다.

　첫 단계인 사전 준비단계는 학습역량 이해 및 학습스킬 습득의 시간이다. 즉, 역량의 일반적 개념과 의의, 학습하고자 하는 역량을 이해하고, DC기반 학습의 특징과 학습과정에 필요한 스킬들을 학습하는 단계이다. DC기반 학습의 본 학습단계에서 이루어지는 체험학습이 상호학습이 되기 위해서는, 학습자들이 관찰자의 역할을 수행하여 다른 과제수행자들(동료)의 행동 및 역량에 대해 피드백을 제공할 수 있어야 한다. 이러한 역할을 수행하기 위하여 학습자들은 사전 준비단계에서 관찰 항목에 제시되어 있는 역량들을 명확히 이해할 필요가 있다. 또한, 과제내용과 결과뿐만 아니라 비언어적 행동까지 파악하여 기록하고 피드백에 반영할 수 있어야 한다. 이를 위해 관찰 및 기록의 지침 등을 이해한 후, 관찰·기록·분류·평가 스킬을 학습하여야 한다. 또한 추측이 아닌 직접 관찰한 행동 증거들을 바탕으로 풍부하고 다양하며, 정확한 피드백을 제공할 수 있도록 피드백 방법을 훈련받아야 한다.

　두 번째 본 학습단계에서는 과제이해를 바탕으로 미결업무처리과제, 역할연기과제, 그룹토의과제 등 모의과제 유형별로 수행한다. 학습자가 퍼실리테이터로부터 과제에 대한 개략적인 설명을 듣고 과제를 이해하는 시간으로 학습과정이 시작된다. 개인과제에서는 과제이해와 과제수행이 동시에 이루어지기도 하지만 그룹과제나 대인과제는 구분되어 운영된다. 과제수행이 종료되면 자기평가 및 상호피드백 시간이 주어지는데 수행그룹과 관찰그룹에 따라 내용이 달라진다. 수행그룹은 과제수행 중 자신이 보인 강점과 약점, 역량수준 등을 스스로 인식하거나 수행결과에 대한 피드백을 통해 전달받게 된다. 관찰그룹은 수행그룹의 학습자가 과제를 수행하며 보여준 역량과 행동을 관찰 및 기록한 뒤, 역량진단표와 행동관찰표에 분류·평정하면서, 학습자의 강점과 약점, 개선의 포인트를 인식하고 자신과 비교해 봄으로써 스스로의 역량수준을 반추해볼 수 있다.

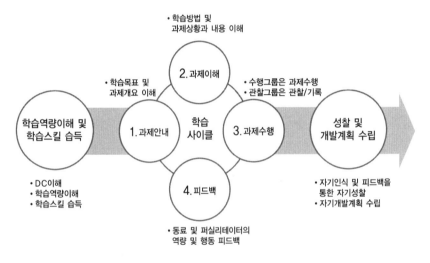

그림 10. DC기반 학습의 학습설계 및 학습 Cycle

세 번째 단계에서는 성찰 및 역량개발계획 수립이 이루어진다. 이 단계에서는 과제수행 중 스스로 인식한 자신의 역량수준, 동료들의 구체적 피드백, 퍼실리테이터의 피드백, 기타 보완적으로 실시된 자신의 성격이나 기타 리더십 진단 결과 등을 종합적으로 고려하여 자신을 성찰하게 되며, 사전에 준비된 역량개발 가이드를 참고하여 자신의 역량을 개발하기 위한 구체적인 자기개발계획서를 작성하게 된다.

2. 모의과제 상호학습 전략

　DC기반 학습에서 고려되어야 할 가장 중요한 학습 전략은 모의과제를 어떻게 학습할 것인가이다. AC에서는 모의과제를 통해 평가자가 피평가자의 역량수준을 평가하게 된다. 그러나 DC기반 학습에서는 모의과제를 수행하는 것이 학습과 연결되어야 한다. 결국 역량을 학습하기 위해 개발된 모의과제의 유형별로 실행전략을 설계해야 한다. 지금부터는 DC기반 학습에서 일반적으로 사용하는 모의과제 유형별로 상호학습 전략을 살펴보고자 한다.

　먼저 개인과제인 미결업무처리과제는 학습자가 개별적으로 실행하는 모의과제이다. 주어진 과제를 제한된 시간 안에 처리하고 완료된 결과물을 표준행동과 비교하여 자기 자신의 수행수준을 평가하게 된다. 이 경우, 각 학습자가 개별적으로 처리한 수행결과물을 다른 학습자와 교환하여 상호 평가 및 피드백하게 할 수도 있지만, 많은 시간을 할당해야 한다는 단점이 있다. 이런 경우, 타 학습자의 수행결과물을 평가함으로써 자신의 수행수준과 비교가 가능해지며, 학습자들은 객관적으로 과제수행 결과를 피드백 받을 수 있다. 이러한 과정을 통해 획득된 피드백결과는 별도로 설계된 피드백 양식에 종합적으로 기록되어 자기개발계획서 작성 전에 각 학습자에게 전달된다.

　대인과제인 역할연기 과제는 보통 1-2개의 모의과제를 활용한다. 주로 상담, 코칭, 갈등조정, 협상관련 역할 등을 학습하기 위해 사용되며, 역할을 바꾸어 번갈아 가면서 과제를 수행함으로써 직접 수행과 관찰 평가를 모두 경험해볼 수 있다. 이러한 경우 2인 1조나 3인 1조로 학습조를 편성할 수 있으며, 학습 클래스의 규모나 학습 가능시간에 따라 적절하게 편성되어야 한다. 기본적으로는 체험과 상호관찰을 통한 학습이 이루어져, 실제 수행에서 얻는 직접학습의 효과와 동료수행에 대한 관찰에서 얻는 간접학습이 모두 이루어질 수 있도록 설계되어야 한다. 그러나 경우에 따라서는 대표자의 수행을 통해서 간접학습만이 이루어지게 되는 경우도 있을 수 있으며, 이러한 경우는 퍼실리테이터의 피드백이 중요한 요소가 된다.

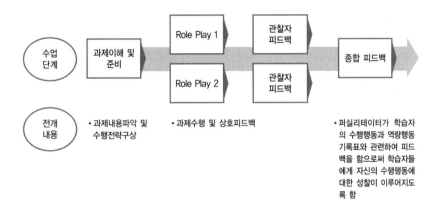

그림 11. 역할연기 학습설계 예시

그룹과제인 그룹토의과제의 경우도 1~2개의 모의과제를 활용하여 학습이 이루어질 수 있다. 먼저 5~6명 단위의 2개 그룹을 만들고 수행그룹과 관찰그룹으로 구분한다. 수행그룹이 주어진 과제를 이해하고 과제해결을 위한 토의를 실시하면, 관찰그룹의 구성원 각각은 수행그룹의 2~3명을 담당하여 관찰자의 역할을 수행한다. 자신이 관찰하는 학습자의 역량수준과 행동을 기록표에 기록하고, 토의가 종료되면 그 결과를 피드백한다. 한 차례의 과제 수행이 종료되면 역할을 바꾸어 다시 한번 과제를 실시한다. 이때 다른 토의 주제를 사용할 수도 있다.

그룹과제는 진정한 상호협력 학습이 일어날 수 있도록 보다 심도 깊게 설계할 수도 있다. 필자의 연구팀이 개발한 '그룹미결업무처리' 과제유형은 공통의 과제해결을 위해 구성원들 간의 협력이 일어날 수 있도록 설계한다. 그룹미결업무처리과제는 혼자서는 해결할 수 없는 대량의, 다양하고 어려운 과제들이 제시되고, 수행그룹의 구성원들이 각자의 역할을 맡아, 업무를 분담하거나, 협동하여 해결하게 하는 과제로, 팀워크, 의사소통, 조정, 갈등관리, 신뢰감 형성 등 대인 간 역량이나 판단력, 분석력, 의사결정력 등 개인 내 역량 등을 관찰하기 위해 사용할 수 있다. 이러한 경우에도 관찰그룹과 수행그룹으로 구분하여 운영되도록 설계가 가능하다.

지금까지의 설계는 동일한 유형의 모의과제를 활용하는 경우였지만, 경우에 따라서는 미결업무처리과제 실시 후에 구두발표과제를 실시한다거나, 그룹토의과제에 역할연기과제를 연계시키는 등 다양한 방법과 순서도 고려될수 있다. 이러한 결정은 학습하고자 하는 역량과 모의과제 기법들 간의 매칭을 검토하여 이루어질 수 있다.

	1 일차	2 일차	3 일차
09:00	과정등록	역량 및 모의과제 방법 설명	과제 이해 (과제D)
	팀빌딩		
10:00	역량 및 DC기반 학습 이해	I/B 과제 수행 (과제B)	G/D NA 과제 수행 (3인 1조)
11:00	평가기법의 이해 및 피드백 작성 연습		1:1 R/P 과제 수행 (2인 1조)
12:00		정답확인 및 피드백	
13:00	중식		
	역량 및 모의과제 방법 설명	역량 및 모의과제 방법 설명	조내 개인별 종합 피드백 작성
14:00	과제 이해 (과제A)	1:1 R/P 과제 수행 (과제C)	피드백 검토 및 자기개발 계획 수립
15:00			
16:00	P/T 과제 수행 (과제A)		자기개발 계획 발표
17:00		F/T 피드백	
18:00	F/T 피드백		

*G/D NA:역할 없는 집단토의

그림 12. 중간관리자 역량개발 3일 과정 운영 설계 예

이처럼 모의과제의 실행과 이를 통한 상호학습은 개인과제(사람-상황), 대인과제(사람-사람), 집단과제(사람-사람-상황)의 유형과 학습시간에 따라, 학습자의 동기와 학습의 성과를 최대한 도출할 수 있도록 연결되어야 한다. 그림 12는 중간관리자 역량개발 과정(3일 과정)의 예이다.

3. 성찰 학습 전략

DC기반 학습은 해당 업무수행에서 요구되는 역량에 대한 인식을 확대하고, 자신과의 차이에 대한 인식 재발견을 강조한 학습설계방법으로, 문제 상황을 기반으로 하여, 학습자를 중심으로 전개된다는 특징을 가지고 있다. 즉 개개인이 직면한 문제 상황을 해결하면서, 자신의 역량수준 및 타인과의 차이를 인식하고, 이를 극복하기 위한 동기를 극대화시키는 자기 주도적 학습이다. 이러한 효과를 가능하게 하는 가장 중요한 요소는 모의과제 수행, 즉 과제 수행과 행동에 대한 피드백을 받은 후 갖는 성찰(Reflection)이다. 여기에서의 성찰은 개인 성찰과 사회적 성찰로 나누어질 수 있다. 개인 성찰은 자기 스스로 자신의 수행내용을 성찰하는 것이고, 사회적 성찰은 동료들의 수행을 관찰하거나 동료, 퍼실리테이터로부터 피드백을 받은 후 이루어지는 성찰을 의미한다.

이러한 성찰활동을 객관화하고 의식화하는 방법은 역량관찰(피드백)시트, 행동관찰(피드백)시트, 자기개발계획서 등을 작성하는 것이다. 학습자들은 모든 모의과제 수행이 종료된 후, 자기 실행 과정에 대한 평가를 통하여 자신의 역량 강점과 약점을 평가하게 된다. 경우에 따라서는 해당 DC기반 과정 전에 역량 진단이나 리더십 진단(예를 들어, Hogan 리더십 진단), 자신의 성격특성에 대한 진단 등을 실시한 후, 바로 성찰 시점(자기개발계획서 작성)에서 결과를 제시함으로써, 보다 객관적으로 자신을 평가할 수 있도록 돕는 것도 교육의 효과를 높일 수 있는 설계전략이 될 수 있다. 강점과 약점에 대한 평가가 이루어지면 역량을 어떻게 개발할 것인가에 대한 계획을 수립하게 된다. 따라서 성찰을 어떻게 할 것 인가하는 것도 중요한 설계요소이다. 모의과제 수행은 긴박하고 리얼하게 진행되는 반면, 학습은 두뇌가 편안한 상태에서 이루어진다는 점을 감안하여 설계될 필요가 있다. 따라서 피드백과 명상, 자기성찰은 편안한 상태에서, 개발을 위한 관련 자료가 충분히 제공된 상태에서 진행될 수 있도록 설계가 이루어져야 한다. 흔히 교육과정이 종료될 시간이면 학습자들은 산만해지고 대충 마무리하기를 기대하지만, DC기반 학습에서의 종료시간은 오히려 가장 중요한 시간이라 할 수 있다.

4. 전이설계 전략

DC기반 학습은 객관적인 지식을 채워 넣기보다는 자기주도 학습능력의 증진, 현장에서의 학습동기의 지속, 실제 업무생활에서의 전이를 강조한 학습설계방법이다. 이를 위해서는 학습전이에 대한 설계가 수반되어야 한다. 모의과제가 현실에 가까울수록 전이는 강화될 수 있다 하더라도 효과적 학습전이를 위해서는 교육 후의 행동에 대한 모니터링과 사후관리(Follow up), 자기개발계획서 실행에 대한 자기 점검과 교육부서의 확인, 부족한 역량에 대한 추가적인 역량교육과정 지원 등이 고려되어야 한다. 경우에 따라서는 e-IDS(Individual Development System)를 이용하여 개인의 실행계획을 입력하여 정기적으로 실행내용과 학습내용을 확인할 수 있는 시스템을 갖추는 것도 방법이다. 이와 더불어 일정 기간 경과 후의 시점에서 재역량진단을 실시하는 전이평가도 고려되어야 할 것이다.

　DC기반 학습의 효율적인 운영을 위해, 전체 과정 설계에서 모듈구성을 어떻게 할 것인가 하는 전반적 교수전략, 모듈별 세부 모의과제의 계열화와 운영방법 등에 대한 전략, 마지막으로 성찰전략과 전이전략 등이 정밀하게 고려되어야 한다.

제 5장
DC기반 학습 퍼실리테이터의 역할과 훈련

DC기반 학습은 현업에서 수행해야하는 업무나 역할과 유사한 모의과제를 실행하고, 그 과제를 해결해나가는 과정과 결과에서 학습이 일어나도록 설계된 교육과정이다. 학습자에게 과제수행 과정과 결과에 대해 피드백을 제공하여 학습자 자신의 역량수준을 인식하고 향상 시킬 수 있도록 하는 교수기법이다. 학습자의 자기 역량수준의 성찰과 자기개발 의욕 증대의 효과를 가져오기 위해서는 실제상황과 개발하고자 하는 역량을 반영한 정교한 모의과제의 개발도 중요하지만, 이를 운영하는 퍼실리테이터의 역할이 중요하다. 교육대상자의 니즈를 반영하고 다양한 기법을 활용하여 정교하게 설계된 교육과정이라 해도, 교육의 효과는 그것을 전달하는 강사의 역량에 의해서 좌우되는 것처럼 DC기반 학습에서의 퍼실리테이터의 역할도 과정의 효율성에 중대한 영향을 미친다. 따라서 DC기반 학습 과정을 운영하기 위해서는 운영의 핵심주체인 퍼실리테이터를 구성하고 그들을 잘 훈련시키는 것이 필요하다. 본 장에서는 퍼실리테이터의 자격요건, 역할과 요구스킬, 훈련 방법 등을 소개하고자 한다.

1. 퍼실리테이터의 자격 요건

일반적으로 퍼실리테이터는 학습자들보다는 수준이 높아야 한다. 학습자의 역량을 평가하여 피드백을 제공함으로써 학습자의 자기성찰을 이끌어 내야 하기 때문이다. 따라서 퍼실리테이터는 사람에 대한 관심이 높고, 상대방의 이야기를 경청하고, 통찰력이 있는 사람이면서, 강의나 교육에 경험이 있는 사람이면 좋을 것이다. 또한 조직 내 고성과를 내는 사람이어야 한다. 역량을 높은 성과를 내는 사람들의 행동특성이라고 정의하고 있듯이, 학습자의 역량을 관찰하고 평가하는 역할 수행을 위해서는 평소 조직내에서 상위 수준의 역량을 보유하거나, 학습능력ㆍ체계화ㆍ조직화에 능한 사람일수록 퍼실리테이터의 역할을 잘 수행해낼 것이다.

2. 퍼실리테이터의 역할과 역량

DC기반 학습에서의 퍼실리테이터는 과정운영자, 역량평가자, 피드백제공자, 내용전문가, 역할연기자로서의 역할을 수행해야 한다.

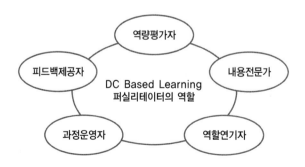

그림 13. DC기반 학습에서의 퍼실리테이터의 역할

1) 과정운영자

　DC기반 학습에서의 모의과제의 운영을 위해서는 시간운영과 운영방법에 대한 상세한 안내가 이루어져야 한다. 각 모의과제의 특징과 실행방법, 상호관찰과 피드백 등의 제반활동이 차질없이 이루어질 수 있도록 운영할 수 있어야 한다.

2) 역량평가자

　DC기반 학습의 관건은 학습자들이 모의과제를 수행하는 과정상에서 드러나는 행동을 관찰하여 그 행동이 어떤 역량과 연결되는지 파악하는 것이다. 그러한 행동을 역량별로 분류하고 해당 행동이 바람직한 행동인지, 바람직하지 않은 행동인지를 판단하여 평가하고, 이를 통해 학습자의 역량수준을 밝혀내는 것이다. 평가자의 역할을 수행하기 위해서 퍼실리테이터는 학습자의 역량관련 행동을 관찰, 기록, 분류, 평가할 수 있어야 한다. 이러한 스킬을 바탕으로 학습자의 역량에 대한 종합적인 피드백을 제공할 수 있다.

관찰스킬

　학습자에게 학습과제로 모의과제가 제시되면 학습자는 과제의 지시문과 주어진 정보에 따라 과제를 이해하고 해결을 위한 행동을 하기 시작한다. 여기에서 말하는 행동이란 학습자가 표출하는 행동(Behavior: 글, 말, 행동)을 의미한다. 퍼실리테이터는 학습자의 행동을 관찰하여, 관찰한 내용을 기록하게 된다. 관찰을 잘하기 위해서는 해당 과제에서 학습하고자 하는 역량을 잘 이해하여야 하고 구체적인 행동지표까지도 파악하고 있어야 한다. 행동은 학습자가 학습과제를 수행하면서 실제로 '행한 것', '말로 표현한 것'을 의미한다. 행동은 관찰 가능하고, 다른 사람들에 의해서 검증 가능한 것이어야 한다. 또한 추론이나 느낌, 의견, 편견, 애매모호하게 일반화한 것 등은 행동이 아니다.

퍼실리테이터는 행동에 초점을 맞추어야 임의적인 판단과 잘못된 해석을 피할 수 있고, 학습자들의 역량수준에 대해서도 명확한 증거를 제시할 수 있다.

기록스킬

퍼실리테이터는 학습자가 과제수행에서 보여준 행동을 관찰한 후 명확하게 기록할 수 있어야 한다. 관찰된 행동을 기록하지 않으면 최종 역량수준을 판단할 때 임의적인 판단을 할 수 밖에 없으며 학습자의 역량수준에 대하여 잘못 해석할 위험이 있다. 학습자의 과제수행은 재연될 수 없기 때문에 정확하면서도 신속하게 기록하는 것이 중요하다.

분류스킬

좋은 행동근거를 관찰하고 기록하여도 관찰된 행동을 관련 역량으로 분류하지 못하면 학습자의 역량수준을 정확하게 평가할 수 없다. 학습자가 과제수행 중에 보여준 좋은 행동을 관찰하고 기록하였다 하더라도 그 내용을 엉뚱한 역량으로 잘못 분류하거나 분류 자체를 하지 않았을 경우, 학습자의 역량에 대한 피드백이 정확하게 이루어질 수 없기 때문이다. 이런 오류를 최소화하기 위해 퍼실리테이터는 학습하고자 하는 역량의 정의와 구체적인 행동지표, 더 나아가 해당 역량에 대해 충분한 지식을 가지고 있어야 한다.

평가스킬

평가는 하나의 과제가 종료된 뒤, 관찰 · 기록 · 분류한 행동들을 근거로 학습자의 각 역량 점수를 부여하는 과정이다. 사전에 준비된 평가척도를 참고로 하여 해당 역량에 대하여 평정한다. 퍼실리테이터는 정확한 평가를 위하여 평정 요령, 평정 척도, 발생 가능한 평정 오류 등에 대해 잘 알고 있어야 한다. 또한 평가 시 발생할 수 있는 평가 오류(대비오류, 후광오류, 관대화 오류 등)를 없애거나 최소화 할 수 있도록 정교한 퍼실리테이터 훈련이 실시되어야 한다.

3) 피드백제공자

학습자의 역량수준에 대한 성찰은 자신의 수행결과에 대한 성찰로서 이루어지며 성찰은 스스로의 수행수준에 대한 인식뿐만 아니라 동료와 퍼실리테이터의 피드백으로 이루어진다. 이 중에서 퍼실리테이터의 피드백이 가장 중요하다. 피드백은 역량피드백과 행동피드백으로 구분할 수 있다. 우선적인 피드백은 역량피드백이다. 각 과제 수행 중에 관찰된 역량관련 행동에 대한 피드백으로서 하위역량별 관찰내용을 분류하고 역량단위 별 점수를 부여하며 수행행동 전반에 대한 권고사항을 작성하여 피드백하는 것이다. 이러한 제반 피드백 사항들은 보고서로 작성되어 학습자가 종합적으로 자신의 역량수준을 인식하고 개발계획 수립시 반영될 수 있도록 되어야 한다. 또 하나의 피드백은 역량피드백이다. 행동피드백은 과제수행 중에 나타나는 공통적인 관찰사항에 대한 피드백과 과제별 주요 관찰사항에 대한 피드백으로 구분할 수 있다. 공통 관찰사항에 대한 피드백은 과제 수행 중에 보이는 자세, 표정, 말투, 말의 강약, 몸짓 등 외현적으로 학습자들이 보이는 행동에 대한 것이다. 과제별 주요 관찰사항은 과제유형에 따라서 달라진다. 구두발표과제의 경우에는 체계적인 구성, 유모어, 예시 사용, 질문 요청, 요약 제시 등이 피드백 사항이 될 수 있다. 역할연기나 그룹토의 과제인 경우는 표현력, 상대방 배려, 경청, 적절한 동조 및 반론 등에 대해서 관찰하여 피드백을 할 수 있어야 한다. 미결 업무처리과제의 경우에는 최종 처리한 안건의 수와 같이 과제처리의 결과나 처리과정에서 보이는 업무스타일이나 행동 등이 된다. 예를 들어, 과제를 처리할 때 메모나 자료를 활용하는지, 중요도와 긴급도에 따라 안건처리의 우선순위를 고려하는지, 각종 지시나 보고 요청을 명확하고 구체적으로 하는지, 납기나 일정을 고려하는지, 자료 간의 관련성을 파악하여 통합적인 관점에서 업무처리를 하는지 등이 관찰 및 피드백 될 수 있어야 한다.

4) 내용전문가

퍼실리테이터는 모의과제 수행과 관련된 역량에 대하여 전문가이어야 한다. 학습자의 모의과제 수행의 과정과 결과를 피드백하고 해당 모의과제의 역량과 관련된 구체적인 스킬과 지식을 연결하여 설명할 수 있어야 한다. 예를 들어, 성과관리 역량과 관련된 모의과제를 학습하였다면 성과관리 역량과 관련된 목표설정, 모니터링, 지도와 지원, 평가와 인정 등을 해당 모의과제 학습과 연결하여 전달함으로써 학습자가 성과관리 역량의 내용과 자신의 수행한 결과와 연결할 수 있도록 해주어야한다.

5) 역할연기자

모의과제의 유형이 1대1 역할연기나 1대2 역할연기일 경우에는 퍼실리테이터가 경우에 따라 상대역으로 역할연기를 하여야 한다. 부하육성과 관련된 역량의 정도를 파악하고자 하는 경우에는 학습자가 상사의 역할을 수행하게 하고, 퍼실리테이터는 부하의 역할을 수행하여 상사에게 불만을 제기하고 상사의 지도·육성하는 역량이 드러나도록 상사를 곤경에 처하게 하는 역할을 수행해야 한다. 경우에 따라서는 제3자를 활용하거나 학습자 중에서 상호 번갈아가면서 수행할 수도 있으나, 비용의 문제, 몰입의 문제 등이 발생할 수 있다.

3. 퍼실리테이터의 육성 훈련

DC기반 학습의 근간은 학습자의 모의과제 수행상에서 드러나는 행동을 관찰, 기록, 분류, 평가하여 피드백하는 것이다. 이와 같은 과정에서 퍼실리테이터는 평가자가 가지고 있는 신념과 고정관념에 의해서 평가를 할 수 있다. 따라서 이를 방지할 수 있도록 학습하고자 하는 역량에 대하여 충분히 이해하고 있어야 한다. 각 역량의 정의는 물론이고 효과적인 행동과 비효과적인 행동을 구분할 수 있어야 한다. 또한 학습하고자 하는 모의과제에 대해서도 충분한 이해가 이루어져야 한다. 관찰하고자 하는 역량이 모의과제의 어느 상황에 반영이 되었는지 상황과 역량과의 관계도 파악하고 있어야 한다.

퍼실리테이터는 실제 행동에 기초하여 관찰하고 평가하여야 하므로 실제 평가과정의 단계인 관찰, 기록, 분류, 평가를 용이하게 할 수 있도록 훈련이 이루어져야 한다. 결국 퍼실리테이터의 훈련에는 역량에 대한 이해, 모의과제에 대한 이해, 평가과정에 대한 훈련 등이 교육내용으로 구성되어야 한다. 특히 이러한 내용은 단순한 지식의 습득에 그칠 것이 아니라 자연스럽게 행동으로 옮겨질 수 있도록 스킬을 체득 할 수 있는 교육과정으로 운영되어야 한다.

DC는 기존의 인사선발과 승진평가, 리더십 진단과 개발의 영역에서 활용하여 오던 AC기법을 HRD의 관점에서 새로운 교육기법으로 활용할 수 있다는 시각으로 내용을 전개하여 왔다. 필자들이 현장에서 신임 팀장 역량개발 과정, 중간관리자 역량개발 과정, 현장 감독자 역량개발 과정 등을 모의과제에 기반을 둔 과정으로 운영해 온 경험에 비추어 볼 때, 충분히 성공적인 교수기법으로 활용가능하다는 확신을 가질 수 있었다. 기존의 강사주도적이고 내용 중심의 교육과정으로는 구현할 수 없는 점들을 찾아볼 수 있었다. 교육 후 "내가 앞으로 실제 해야 할 역할에 대해 모의과제를 수행해봄으로써 나의 역량의 부족함과 무엇을 보완해야 할지를 찾을 수 있었다.", "동료들의 모의과제 수행을 보면서 저런 모습이 나의 모습일 수 있다는 것을 알고 부끄러웠다.", "알고 있다는 것과 실제로 할 수 있다는 것의 차이를 발견 할 수 있었다.", "역량개발을 위한 참신한 방법이다."는 등의 반응을 얻을 수 있었다. 물론 DC기반 학습과정 운영을 위해 모의과제를 정교하게 개발한다는 것이 쉬운 일은 아니나, ISD(Instructional Systems Development)모델[1]을 통한 과정개발에 익숙해 있는 HRD담당자들에게는 도전할 만한 과제인 것은 분명하다.

---

1) ISD(Instructional Systems Development)모델: 분석, 설계, 개발, 운영, 평가의 시스템적인 접근을 통한 과정개발체계.

제 6장
기업 운영사례

교육의 현업적용도 증진을 위해
역량개발센터(DC:Development Center) 활용

현대자동차(주) 연구개발 교육팀

많은 기업이 조직 리더십 역량을 향상시키기 위한 노력을 기울이고 있다. 이를 위해 구성원에게 다양한 교육을 제공하며 조직에서 요구하는 리더로서의 역량을 배양시키기 위한 방법을 모색한다.

현대·기아 자동차 남양연구소는 그룹 R&D의 메카로 이에 걸맞는 인력관리와 역량강화를 고민하고 있었다. 그 중에서도 특히 조직의 핵심인재인 리더 역량을 어떻게 개발할 것인가에 대한 논의 중 DC기반 학습을 사용하기로 결정하였다.

기존에 리더십 개발 과정이 없었던 것은 아니다. 트렌드에 맞는 여러 교육이 실시되고 있었으나, 강의식 또는 주입식 집합교육은 단순히 지식전달에 그치고 이었다. 이에 따라 현업적용에 많은 한계가 있음을 체감하여 새로운 방식의 교육과정 개발에 부응한 것이다.

한편 현대·기아 자동차 남양연구소에서는 2006년 R&D 구성원이 반드시 지켜야 할 가치체계인 R&D Way를 선포하고 R&D의 비전·미션·핵심가치·인재상을 구축, 전파시켜오고 있다. 아울러 이러한 핵심가치를 구체적으로 실천하는 모습을 5 Actions이라는 행동규범으로 규정하고 있다. 현대·기아 자동차 남양연구소의 구성원이라면 반드시 실천해야할 행동을 5가지로 규정하였다. 자신감, 도전, 주도성, 책임, 공유의 5가지 키워드로 구성되어 있다. 이와 같은 5 Actions의 연장선상에서 관련 리더십 역량을 도출하여 이를 새롭게 교육과정에 반영하고자 하였다. 비전과 구성원의 가치가 일치될 수 있도록 리더가 영향력을 발휘하여 조직역량을 극대화 할 수 있다는 것이 리더십 교육의 기본 철학이기 때문이다. 이를 통해 핵심가치 중심의 리더십 과정개발이 이루어지게 되었다.

1. R&D Way와 연계된 리더십 역량 도출

먼저 5 Actions와 관련된 리더십 역량을 도출하기 위해 내외부 자료분석과 연구소 직원을 대상으로 개방형 설문조사(Open survey)를 실시하였다. 구성원에게 R&D Way를 실천 가능토록 하는 리더가 누구인지 설문을 통하여 기초자료를 수집하였고, 내부전문가, 리더의 인터뷰를 통하여 최종적으로 리더십 역량을 크게 '보유차원' 과 '전파차원' 의 두 개 차원으로 구분하였다. 예를 들어 5 Actions의 하나인 '자신감' 의 경우, 보유차원에서는 개인 스스로 해당 역량을 보유하며 전파차원에서는 부하직원이 자신감을 가질 수 있도록 하는 데 필요한 역량을 말한다.

보유차원에서 핵심가치는 개인의 내재적인 특성들로 행동관찰이 어렵기 때문에 널리 사용되고 있는 리더십 진단도구인 HPI(Hogan Personality Inventory)를 사용하여 측정·진단하였다. 또한 DC과정 중 피드백을 통해 결과를 자기개발계획에 반영할 수 있도록 하였다. 뿐만 아니라 새롭게 도출된 역량이 발현될 수 있는 모의과제를 개발하여 각 교육생의 역량수준 및 장점과 단점을 진단, 피드백할 수 있도록 구성하였다.

이처럼 맞춤화된 모의과제 개발을 위해 앞서 역량도출 과정의 개방형 설문 조사에서 팀장의 주요 업무 및 역할, 각 역량별 관련 사례를 수집하였다. 이들 중 모의과제로 개발 가능하고 각 역량이 제대로 발현될 수 있는 사례를 선정, 과제개발 개요안(One page proposal)을 작성하였다. 사내 내용전문가(SME) 와의 검토회의를 통해 최종 개발사례와 모의과제 기법을 선정하였고, 모의과 제 개발 조건(역량당 2회 이상 측정 가능하도록, 기법당 2~3개 역량이 발현될 수 있도록 구성)을 충족시킬 수 있도록 모의과제와 역량간 매트릭스를 도출하 였다.

본격적인 모의과제 개발 단계에서는 현직 우수 팀장들을 대상으로 인터뷰 를 실시하여 사례를 정교화하고, 세부 정보를 수집하였다. 모의과제 플롯과 시나리오를 구성하고 관찰기록시트와 피드백시트 등을 개발하여 최종 5개의 모의과제(1대1 역할연기, 1대2 역할연기, 그룹토의, 구두발표, 미결업무처리) 를 완성하였다. 개발시 주의점은 가상 상황이지만 실제 업무와 가장 유사한 환경으로 설정되어야 한다는 것이다.

2. 5개 모의과제로 교육 진행

최종 모의과제 완성 후 2년 차 팀장 24명을 대상으로 1박2일 교육을 실시하 였다. DC기반 학습의 특성인 학습자들간 관찰과 피드백, 퍼실리테이터의 피 드백을 원활히 하기 위하여 차수당(1개 분임조 당) 교육인원은 6명으로 제한 시켰다. 한 개의 모의과제를 실행하면서 동료가 과제를 수행하는 모습을 면밀하게 관찰하고 피드백의 질을 높이기 위한 최소 교육인원으로 구성한 것이다.

퍼실리테이터는 2명으로 역할연기과제 실행 시 분반(3인 1조×2)을 통하여 효과적인 운영을 모색하였다. 교육 참가전 대상자는 5 Actions의 보유역량을 진단하기 위한 개인 리더십 진단을 받는다. 이후 교육에서는 총 5개의 모의과제를 수행하고 리더십 역량에 대한 구체적인 피드백 받게 된다. 모의과제를 모두 수행한 후 리더십 강약점을 분석하여 최종적으로 자기개발계획서를 수립하는 과정을 거친다.

각 모의과제의 주요내용은 다음과 같다.

첫째, 그룹토의과제는 팀장회의에 참석하여 R&D 구성원 혁신마인드 증진 및 팀워크 증진을 위한 3대 과제를 선정하고 세부 이행방안을 마련하는 것이다. 학습자가 개인의견이 3대 과제에 선정될 수 있도록 주장을 피력하고 적극적으로 토의에 참여도록 하는 것이 포인트이다.

둘째, 1대2 역할연기과제에서는 팀내 두 워킹 그룹장 간의 갈등상황을 해결하는 과제이다. 두 명의 역할연기자가 참여하여 구체적인 갈등상황을 연출하고 과제수행자가 상황을 해결해 나가는 과정이다.

셋째, 1대1 역할연기과제는 업무 내외적인 일로 사기가 저하된 부하직원을 면담을 통하여 문제해결해 나가는 과제이다.

넷째, 미결업무처리과제에서는 팀장 역할을 맡아 제시된 각종 업무 및 이메일, 메모, 안건 등을 처리하게 된다.

끝으로 구두발표과제에서는 팀장으로서 센터장에게 현재 조직내부 문제점을 파악해 제시하고 해결방안을 보고한다.

이러한 5가지 모의과제를 모두 수행한 후 퍼실리테이터 및 동료에게 받은 피드백 리포트를 바탕으로 향후 3개월 간의 변화목표 등을 자기개발계획서에 작성한다. 시간은 약 1시간 정도 부여하지만 실제 현업에서 실행할 계획이다 보니 많은 고민을 하게 되어 대부분 부족하다는 의견이다.

3. 전 팀장 대상 교육으로 확대

교육의 진정한 성과를 내는 요인을 분석해 보면 10% 정도가 실제 교육의 효과라고 한다. 20%는 코칭과 멘토링이고, 무려 70%는 업무현장에서 직접 학습하는 현장학습(Workplace Learning)을 통해 이뤄진다고 한다. 바로 70:20:10의 법칙이 모든 교육에 적용된다는 것이다.

이에 따라 DC기반 팀장 리더십 과정도 학습자가 교육과정에서 경험한 자기 성찰, 관찰학습, 피드백 등의 교육효과가 지속될 수 있는 학습전이 시스템을 구축하였다. 먼저 교육을 수료한 팀장은 현업에 복귀해 개인이 수립한 자기개 발계획서를 바탕으로 직속상사와 협의를 거치게 된다. 실제 업무환경에서 실 천 가능한 계획인지를 타진하고 직속상사의 지속적인 코칭에 대한 지원을 약 속받는 것이다.

교육부서에서는 팀장의 자기개발계획서 이행을 수시로 모니터링하고 지원 하며 끊임없는 커뮤니케이션을 시도하고 있다. 또한 팀장 리더십 역량 강화를 위하여 관련 도서를 정보자료실에 별도의 세션을 구축하였다. 리더십관련 지 식적인 부분이 필요한 이들이 언제든 도서이용이 가능해진 것이다. 또한 직속 상사의 현업적용 지원을 위해 코칭관련 메일링 서비스 및 문제점 해결을 위한 가이드를 지속적으로 제시하고 있다.

이러한 DC기반 팀장 리더십 과정은 종료 후 실시한 교육과정 관련 설문조 사에서 4.5점(5점만점)이상의 높은 만족도를 보였다. 또한 자기개발의 필요성 인식정도, 직무수행에서의 유용성, 업무성과와의 연관성 등 교육효과성 측면에서도 역시 평균 이상의 높은 점수를 얻어 교육효과성이 높은 것으로 평가되고 있다.

현대·기아자동차 남양연구소는 전 팀장을 대상으로 DC기반 팀장 리더십 과정을 확대할 예정이며, 과정의 독자적인 운영을 위하여 사내 퍼실리테이터를 선발, 육성하고자 한다. 임원급 퍼실리테이터를 선발하여 이들이 피학습자(교수자) 입장에서 전체적인 DC과정을 체험해 보는 것으로 시작, 역량개념과 모의과제를 포함한 DC에 대한 이해, 관찰·기록·분류·평정 스킬, 피학습자에 대한 피드백 요령, 진행방법 등의 육성과정을 집중 실시하는 것이다.

이 과정에서는 다양한 동영상 매체를 활용한 강의와 실습을 실시하여 이해를 높일 계획이다. 이와 더불어 임원급의 내부 퍼실리테이터 육성과정에서 세부적인 논의를 거쳐 교육과정 개선점을 도출하여 수정·보완해 나가도록 할 것이다.

뿐만 아니라 DC 프로그램의 효과성을 검증하기 위하여 교육과정 종료 3개월 후 SCM(Success Case Method)을 실시하고 현업적용도를 조사하고 성공사례를 학습자간 공유할 수 있도록 계획중이다. 이를 통해 DC기반 팀장 리더십 과정이 팀장의 업무수행에 도움이 됨을 입증하고 실제적인 역량개발이 가능한 성과향상 교육으로 정착시켜 나갈 것이다.

* 본 내용은 월간 인사관리(김해광, 2010년 2월호)에 게재된 "교육의 현업적용도 증진을 위해 역량개발센터(DC: Development Center) 활용"이라는 기사를 저자의 허락을 받고 추가하였음.

제 7장
공공기관 운영사례

DC Based Learning으로 운영되는 공무원 역량개발교육

중앙공무원 교육원

1. 공무원 역량개발교육 어떻게?

중앙공무원교육원 역량개발교육의 특징은 학습자 중심의 참여형 교육과정이라는 점이다. 업무현장에서 직면할 수 있는 모의상황에서의 과제수행을 중심으로 하는 실습교육을 기반으로 한다.

학습자는 개별, 또는 동료학습자와 함께 미결업무처리(In Basket), 구두발표(Presentation), 역할연기(Role play), 그룹토의(Group Discussion)를 수행하고 동료 학습자 상호간, 실습을 진행한 퍼실리테이터로 부터 과제 수행에 대한 피드백을 제공받게 된다.

개별 학습자는 강의중심의 일방적 교육에서 갖게 되는 수동적 자세에서 벗어나 능동적 과제수행을 통한 자기주도적 학습, 동료간 피드백 교환을 통한 상호작용 학습, 역량의 강·약점에 대한 성찰학습을 경험하게 된다.

교육원의 학습자들은 역량개발교육을 흔히 '졸지 않는 교육'이라고 지칭하며, 지금까지 공무원교육원은 휴식을 위해 오는 곳 이라는 인식을 바꾸고 학습과 토론 중심의 치열한 교육장면을 만들어 가고 있다.

역량개발교육은 역량개념 및 역량교육 방법에 대한 오리엔테이션을 목적으로 하는 사이버교육, 역량다면진단, 모의과제(Simulation) 실습 중심의 집합교육의 체계로 구성되어 있다. 집합교육 전에 본인을 포함하여 상사, 동료, 부하를 대상으로 역량다면진단을 실시함으로써 자신의 역량수준에 대한 객관적 인식과 성찰을 유도하고 실습중심의 집합교육에 대한 동기유발을 도모하고 있다.

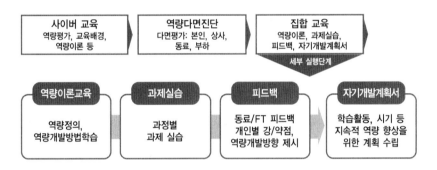

그림 14. 역량교육 체계도(Framework)

집합교육에서는 역량이론 강의와 모의과제 실습 · 피드백을 통해 자신의 역량에 대한 강 · 약점을 성찰, 인식하고 최종적으로 부족 역량 개발을 위한 '자기개발계획서'를 작성하게 된다. 다시 말해서 역량개발교육은 역량개발의 '끝' 이 아니라, '시작', 즉, 역량개발의 '출발점' 이라고 할 수 있다.

2. DC기반의 역량개발교육을 실현하기 위해 무엇을 해야 하는가?

DC기반의 역량개발교육은 역량모델링, 모의과제, 퍼실리테이터의 3가지 요소를 필요로 한다. 역량모델이란 직급 또는 직무별로 고성과를 창출하기 위해 요구되는 능력들을 정리한 것으로 일반적인 교육과정 개발을 위한 ISD모델에서는 요구분석에 의한 학습목표 수립, 교육내용 도출에 해당한다고 볼 수 있다.

모의과제는 학습자가 업무현장에서 직면할 수 있는 업무상황과 해결과제로, 성공적인 모의과제의 개발은 소재가 되는 업무사례(정책사례), 실습기법(In-Basket, Role-Play, Group Discussion, Presentation), 학습역량(해당 모의과제를 통해 측정, 학습하고자 하는 역량)이 잘 조화를 이룰 때 가능하다.

DC기반의 역량개발교육에서 퍼실리테이터는 모의과제 및 실습방법 안내, 실습진행 및 피드백 제공자의 역할을 담당하며, 그 중요성은 역량평가센터(Assessment Center)에서의 평가자(Assessor)에 견줄 수 있다. 퍼실리테이터는 모의과제의 소재가 된 정책사례, 교육대상자에게 요구되는 역량과 고성과자의 행동특성, 피드백 스킬에 대해 모두 능통해야 한다.

1) 역량모델링

국가직 공무원으로서 고위공무원, 과장급, 5급에게 요구되는 직급별 핵심 역량을 규명하였다.

[직급별 역량모델]

고위공무원단 문제인식, 전략적 사고, 성과지향, 변화관리, 고객만족, 조정통합

과장급 정책기획, 성과관리, 이해관계조정, 조직관리, 동기부여, 의사소통

5급 업무기획, 문제해결, 정보관리, 팀워크지향, 협조 및 지원, 적극적 업무수행

2) 모의과제

고위공무원, 과장급, 5급의 역할을 수행하면서 직면할 수 있는 모의 업무상황과 해결과제로 구성된 모의과제를 약 30여 개 개발하여 교육에 활용 중이다.

3) 퍼실리테이터

역량에 대한 전문성, 모의과제의 소재인 정책사례, 공무원 조직에서 직급별역할에 대한 전문성의 조화를 위해 원내 교수, 전직 고위공무원을 역량개발교육 퍼실리테이터로 양성하여(2009년 4명, 2010년 8명), 교육과정 개발 및 교육운영에 참여하도록 하고 있다. 현재 20명 내외의 퍼실리테이터가 활동 중이다.

3. DC기반의 역량개발교육 성공포인트

2009년 고위공무원단 후보자 290명, 과장후보자 205명, 신임사무관 348명(외무고시합격자 39명 포함), 승진사무관 205명을 대상으로 역량개발교육을 실시하였으며, 2010년에는 교육회수 및 인원을 대폭 확대하여 운영 중에있다.

교육과정에 대한 학습자 만족도가 교육과정 별로 평균 90점대를 나타내고있으며, 주관식 설문결과를 보면 "강의식 교육에만 익숙해져 있었는데 실제로토론이나 발표를 해보니 의사표현 방식이나 여러가지로 도움이 많이 되었다.", "소수 인원의 참여와 상호작용을 통해서 자신을 돌아 볼 수 있는 계기가되었다.", "주입식 교육에 비해 몰입도를 높일 수 있었다.", "실습을 통해 부족한 부분을 파악할 수 있었다."는 등 교육 방식 변화에 대한 긍정적평가를 나타냈다. 행정경험이 없는 신임사무관의 경우 "실제 업무상황과 사무관의 역량에대한 이해를 높일 수 있었다."는 등의 의견을 보였다.

2009년 성공적 첫발을 내딛은 역량개발교육은 2010년 성공적정착을 위해 교육운영 확대는 물론 모의과제 등 교육과정 확충과 신규 퍼실리테이터 양성 등 다양한 노력을 기울이고 있다. 이후 공공부문 역량개발교육 선도기관으로써 성공적 도약을 위해 현업적용도 평가와 연계한 역량개발교육의 효과성 분석, 퍼실리테이터 개인약량에 좌우되지 않기 위한 피드백 표준화, 코칭 등과 연계한 역량개발 사후관리(follow up)방안의 도입 노력 등이 이루어져야 할 것이다.

* 본 내용은 월간 HRD(이현영, 2010년 9월호)에 게재된 "DC Based Learning으로 운영되는 공무원 역량개발 교육"이라는 기사를 저자의 허락을 받고 추가하였음.

제 8 장
DC기반 학습의 효과성 연구

Development Center 기반 교육의 효과성 검증[1]

1. 연구 배경

전 세계적으로 널리 사용되며 HR분야의 글로벌 스탠더드(Global Standard)로 자리 잡고 있는 역량평가센터(Assessment Center; 이하 AC) 기법이 최근 국내에서도 빠르게 확산되고 있으며, AC기법을 교육장면에 적용시킨 역량개발센터(Development Center; 이하 DC) 기법 또한 중앙공무원교육원, 외교통상부, 특허청 등 정부기관과 몇몇 기업들을 중심으로 유용하게 활용되고 있다.

DC기반 학습은 학습자들이 조직(회사)생활 중 마주칠 수 있는 업무상황이나 문제 상황을 실제 조건·환경을 반영한 다양한 형태의 모의과제로 제시하고, 그 해결 과정과 결과를 관찰하여 피드백을 제공함으로써 학습자 스스로 자신의 역량 수준을 인식하고, 개발의 의지를 갖게 하는 것을 목표로 한다. 때

---

1) 이헌주, 이영석, 김해광 (2009). Development Center 기반 교육의 효과성 검증: 사전/사후 설문을 통한 단순 검증. 2009년도 한국 산업 및 조직심리학회 추계학술대회 발표논문집. 172-173.

문에, 교육과정에서 사용된 모의과제들의 타당성은 물론, 교육과정 전반에 대한 교육생들의 만족도와 수용도가 교육의 효과성을 좌우하게 된다. 이에 본 연구에서는 DC과정의 효과성 검증 초기단계로 과정 사전·사후의 자기역량 수준 인식 정도와 교육만족도 등을 통해 교육의 효과성을 단순 검증해보고자 하였다.

2. 연구 방법

본 연구에서는 DC방식으로 개발된 국내 A기업의 리더십역량교육과정에 참가한 팀장(부장이상) 24명을 대상으로 교육 전, 교육 후 설문을 실시하였다. 사전·사후 설문에 포함된 항목은 표 1과 같으며, 각 문항에 대한 응답은 리커트 5점 척도(1점: 전혀 그렇지 않다~5점: 매우 그렇다)를 사용하였다.

	항 목	M	SD
	자신의 역량 수준	3.38	.72
교육전 응답	DC과정 인지도	2.84	.75
	교육 기대와 동기	3.98	.72
	자신의 역량수준	3.88	.62
	교육과정 참여도	4.50	.60
	역량향상 기대	4.06	.53
교육후 응답	자기개발 의지	4.45	.51
	역량향상 도움 정도교육	4.27	.55
	과정 만족도	4.18	.66

표 2. 사전·사후 설문 응답 결과

3. 결과 및 논의

연구결과, 교육에 대한 기대와 동기는 평균 3.98(SD=.72)로 높은 수준이었으며, DC과정에 대한 인지도는 평균 2.84로 비교적 낮게 나타났다. 본인 스스로 생각하는 자신의 역량수준은 교육전(M=3.38, SD=.72)보다 교육후(M=3.88, SD=.62) 약간 높아졌으며, 교육후 만족도는 4.18(SD=.66), 역량향상에 도움이 된 정도는 4.27(SD=.55)로 높게 나타났다. 향후 역량향상에 대한 기대(M=4.06, SD=.53)와 자기개발 의지(M=4.45, SD=.51) 역시 매우 긍정적이었다(표 2).

	1	2	3	4	5	6	7	8
1. 자기역량수준(교육전)								
2. DC과정 인지도	.39							
3. 교육 기대와 동기	.33	.37						
4. 자기역량수준(교육후)	.20	.37	-.09					
5. 교육과정 참여도	.24	.03	.36	-.12				
6. 역량향상기대	.41	.25	.27	.42	.34			
7. 자기개발의지	-.32	-.18	.16	-.34	.31	.17		
8. 역량향상 도움 정도	.01	-.12	.20	-.21	.14	.07	.56*	
9. 교육과정 만족도	.15	-.23	.11	-.18	.24	.05	.45*	.64**

* $p < .05$, * $p < .01$

표 3. 연구에 사용된 변인들 간 상관분석 결과

사전, 사후 설문에서 사용된 각 변인들간의 상관분석에서는 교육 후 자기개발에 대한 의지가 높을수록 DC과정이 역량향상에 도움이 되었다고 응답했으며($r=.56$, $p < .05$), DC과정에 대한 만족도도 높았다($r=.45$, $p < .05$). 또한 역량

향상에 많은 도움이 되었다고 응답한 교육생들일수록 당연히 만족도도 높은 것으로 나타났다($r=.64$, $p<.01$). 그밖에 $p<.1$ 수준에서만 유의미했지만, DC과정에 대한 사전 인지도가 높을수록 교육에 대한 기대와 동기가 컸고, 교육 기대와 동기가 클수록 교육과정에 열심히 참여한 것으로 응답했다.

요약하자면, 교육생들은 DC과정에 대해 전반적으로 만족하고 있으며, 그 차이가 크지는 않지만 교육을 받은 후 스스로 자신의 역량수준이 향상된 것으로 인식했다. 또한 DC과정에 대해 많이 알고 있을수록, 기대와 동기가 클수록 만족도가 높아 졌다. 그러나 실제 교육 후 교육생들의 소감발표에서는 교육 전 보다 교육 후 자신의 역량수준이 부족했다는 것을 인식하게 되었다는 의견이 다수였다. 하지만 본 연구에서는 DC과정의 효과성을 검증하는 첫 걸음으로 단순히 교육과정 전 · 후에 실시한 설문응답만으로 분석을 실시하였고, 무엇보다도 연구에 포함된 교육생의 숫자가 유의미한 결과를 이끌어내기에는 너무 부족했다. 때문에 한 두 사람의 극단적인 응답이 결과에 큰 영향을 미쳤을 가능성이 있다. 하지만 계속해서 여러 공공기관 및 기업으로부터 DC과정에 대한 다양한 데이터가 수집되고 있으므로 향후 축적된 데이터를 바탕으로 심도 깊은 분석을 실시한다면 DC과정의 효과성에 대해 보다 유의미한 결과를 이끌어 낼 수 있을 것이다.

4. 참고문헌

이영석 (2009). DC기반 학습이란 무엇인가?. 월간HRD 2009년 1월호. 106-109.

Moses, J. L., & Byham, W. C. (1977). *Application of the assessment center method.* New York: Pergamon Press.

Thornton, G. C., III, & Byham, W. C. (1982). *Assessment centers and managerial performance.* New York: Academic Press.

DC기반 학습(Development Center Based Learning)의 효과성 검증 모형 개발 연구[2]

1. 연구 배경

산업교육 장면에서 기존의 강사위주의 학습방식은 준비된 교재내용을 강사가 여러 가지 교수전략으로 전달하고 학습자는 그것을 수동적으로 받아들이는 것이었다. 그러나 이러한 방식의 교육은 학습자들의 학습동기와 자기개발 의욕을 불러일으키기 어려운 문제를 가지고 있었다.

이에, 학습자들이 자신의 역량수준을 인식하고 이를 통해 자기개발 의욕을 갖게 하기 위해 역량개발센터(Development Center; 이하 DC) 기법이 국내에 도입되었으며, 현재는 다양한 공공기관과 기업에서 이 방식을 많이 활용하고 있다. DC방식이 국내에 처음 도입될 당시에는 기존의 역량평가센터(Assessment Center; 이하 AC)의 연장선상에서 역량을 평가하고 그 결과를 개인에게 전달하여 자기개발에 사용하는 정도로 이해되었다. 그러나, 학습자의 몰입과 교육의 효과성을 더욱 향상시키기 위해 다양한 방법들이 연구되었으며, 이를 통해 DC방식을 보다 적극적으로 활용한 'DC기반 학습(Development Center Based Learning; 이하 DCBL)'이 틀을 갖추게 되었다(이영석, 2009).

효과적인 DC기반 학습을 위해서는 교육하고자하는 역량이 정교하게 규명되어 있어야 하며, 사용하는 모의과제들이 타당해야 한다. 또한 과정을 진행하고 피드백을 제공하는 퍼실리테이터가 전문성을 갖추고 있어야 하며, 무엇

2) 이도연, 이헌주, 오동근, 이영석 (2013). DC기반 학습(Development Center Based Learning)의 효과성 검증 모형 개발 연구. 2013년도 한국 산업 및 조직심리학회 추계학술대회 발표논문집. 60-61.

보다도 교육생들 간의 원활한 상호작용이 이루어질 수 있도록 체계적인 학습 구조를 가지고 있어야 한다(이영석 등, 2009; 이영석 등, 2011).

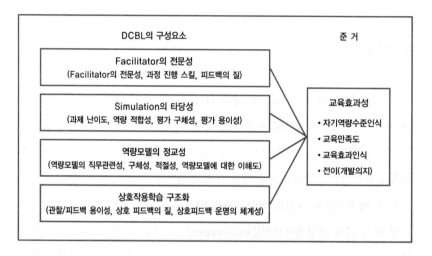

그림 15. DCBL의 효과성 모형

위와 같은 요소들이 잘 갖추어진다면, 학습자들은 자신의 역량수준을 객관적으로 인식하고 교육과정에 만족할 것이다. 또한, 교육의 효과성을 높게 인식하고, 자기개발의 의지 또한 커질 것이다.

본 연구에서는 그림 15와 같은 DC기반 학습의 효과성 검증 모형을 실제 학습자들로부터 수집한 자료를 바탕으로 분석하고 개발하고자 하였다.

2. 연구 방법

본 연구에서는 정부부처 및 공공기관, 일반기업 등에서 DC기반 학습에 참가한 학습자 118명을 대상으로 설문을 실시하였다. 각 문항에 대한 응답은 리커트 5점 척도(1점: 전혀 그렇지 않다~5점: 매우 그렇다)를 사용하였으며, 설문에 포함된 항목 및 상관분석 결과는 표 4와 같다.

		M	SD	1	2	3	4	5	6	7
DC기반 학습의 구성 요소 준거 (교육 효과성)	1. 퍼실리테이터의 전문성	4.44	.59							
	2. 모의과제의 타당성	3.72	.53	0.33***						
	3. 역량모델 정교성	3.86	.54	0.28**	0.54***					
	4. 상호작용학습 구조화	4.17	.47	0.49***	0.44***	0.39***				
	5. 자기역량수준 인식	4.08	.55	0.48***	0.48***	0.48***	0.61***			
	6. 교육만족도	4.17	.64	0.65***	0.54***	0.56***	0.59***	0.75***		
	7. 교육효과인식	4.13	.70	0.61***	0.46***	0.51***	0.52***	0.70***	0.83***	
	8. 전이(개발의지)	4.34	.55	0.42***	0.51***	0.46***	0.53***	0.67***	0.75***	0.77***

* $p < .05$, ** $p < .01$, *** $p < .001$

표 4. 연구에 사용된 변인들 간 상관분석 결과 (N=118)

3. 결과 및 논의

DC기반 학습의 4가지 구성요소가 DC기반 학습의 효과성에 미치는 영향을 알아보기 위해 다중회귀분석을 실시한 결과, '상호작용학습 구조화' 정도가 DC기반 학습의 효과성에 가장 큰 영향을 미치며(R^2=.39), '모의과제의 타당성($\triangle R^2$=.14)', '퍼실리테이터의 전문성($\triangle R^2$=.07)', '역량모델 정교성($\triangle R^2$=.04)'이 뒤를 잇는 것으로 나타났다.

단계	예측변인	β	R^2	ΔR^2	F 변화량
1	(상수)				
	상호작용학습 구조화	.62	.39		
2	(상수)				
	상호작용학습 구조화	.44	.53		
	모의과제의 타당성	.42			
3	(상수)			.39	73.22***
	상호작용학습 구조화	.32	.60	.14	35.30***
	모의과제의 타당성	.34		.07	18.66***
	퍼실리테이터의 전문성	.31		.04	13.58***
4	(상수)		.64		
	상호작용학습 구조화	.27			
	모의과제의 타당성	.24			
	퍼실리테이터의 전문성	.31			
	역량모델 정교성	.25			

* $p < .05$, ** $p < .01$, *** $p < .001$

표 5. 다중회귀분석 결과 (Stepwise, N=118)

본 연구를 통해 아래와 같은 시사점을 도출할 수 있었다. 첫째, DC기반 학습의 4가지 구성요소는 교육효과성을 충분히 설명하고 있는 것으로 나타났다 ($R^2 = .64$). 둘째, '퍼실리테이터의 전문성'은 '상호작용학습 구조화'와 높은 상관을 보이는 반면($r = .49$), '모의과제의 타당성($r = .33$)'이나, '역량모델 정교성 ($r = .28$)'과는 상관이 비교적 낮게 나타났다. 이는 모의과제의 타당성이나 역량모델의 정교성과 별개로, 잘 훈련된 퍼실리테이터가 중요하다는 것을 시사한다고 할 수 있다. 셋째, 본 연구의 분석과정에서 '모의과제의 타당성'을 구성하는 문항 중, 다른 문항들과의 내적일치도가 낮았던 '모의과제의 직무유사성'과 관련된 문항을 제거하였는데, 이 문항을 독립적인 요소로 추가하여 다중회귀분석을 실시한 결과, 약 4%의 추가 설명량을 가지는 것으로 나타났다. 이는, 모의과제의 타당성과 직무유사성이 교육효과성에 서로 다른 영향을 미칠 가능성을 시사하는 것이며, 이에 대해 향후 추가적인 연구가 반드시 필요할 것으로 보인다. 마지막으로, 앞으로의 연구에서는 DC기반 학습을 실시한 기업의 규모·업종과 같은 조직차원의 변수와 교육참가자의 직급·근속년수와 같은 개인차원의 변수가 DC기반 학습의 효과성에 미치는 효과를 다층모형 이론을 적용하여 분석할 필요가 있다. 또한, 조별 인원수나 사용한 모의과제의 개수 등 교육운영적인 측면의 변수도 추가적으로 연구한다면 DC기반 학습에 대한 보다 심도 깊은 이해가 가능할 것이다.

4. 참고문헌

이영석 (2009). DC기반 학습이란 무엇인가?. 월간HRD 2009년 1월호. 106-109.

이헌주, 이영석, 김해광 (2009). Development Center 기반 교육의 효과성 검증: 사전/사후 설문을 통한 단순 검증. 2009년도 한국 산업 및 조직심리학회 추계 학술대회 발표논문집. 172-173.

이영석, 오동근, 정홍식, 노국향, 이헌주 (2011). DC Based Learning의 효과성 모형 검증. 2011년도 한국 산업 및 조직심리학회 추계학술대회 발표논문집. 45-54.

DCBL Center

DCBL Center는 산업 및 조직심리학, 교육학, 경영학, 인재개발학 등을 전공한 석 · 박사급 전문 연구진으로 구성된 ORP 연구소의 산하기관입니다. DCBL Center는 실행기반, 역량기반, 성과기반의 교육을 위한 DCBL의 방법론은 연구하고 개발하여 확산시키는 역할을 수행하고 있습니다.

📁 사업영역

● 교육
· 조직구성원들의 역량개발을 위한 DCBL 공개과정 운영
· DCBL과정을 원활히 운영하고, 효과적인 피드백을 제공할 수 있는 교육과정
· HRD 담당자들이 자체적으로 과정을 설계, 개발 및 운영할 수 있도록 DCBL 과정 체험 및 구축 프로세스 학습

● 컨설팅
· 고객사에 맞춤복화된 DCBL 구축 및 운영 컨설팅(역량모델링, 시뮬레이션 과제개발, 강사 양성 및 지원, 과정운영)
· 해당 조직 및 학습대상자의 특성(비전 및 조직 문화, 주요 사업영역, 학습대상자 직무 및 역할 등)을 반영한 신규 시뮬레이션 과제개발 및 운영 컨설팅
· 각 조직에서 활용 가능한 산업별, 직무 별 시뮬레이션 과제 판매 및 맞춤화

📁 DCBL 주요 교육과정

● 역할별 역량개발과정
· 임원 역량개발 DCBL과정
· 팀장 역량개발 DCBL과정

● 역량별 개발과정
· 코칭 DCBL 과정
· 성과관리 DCBL 과정
· 문제해결 DCBL 과정
· 기획력 DCBL 과정
· 변화관리 DCBL 과정
· 조직관리 DCBL 과정

● DCBL 전문가 과정
· DCBL Simulation 개발 전문가 과정
· DCBL 퍼실리테이터 육성과정

Contact Us

Web site : www.dcblcenter.com
E-mail : dcblcenter@orp.co.kr Tel : 02-3473-2206 Direct : 070-7525-4922

| 집필자 |

이 영 석 산업조직심리학 박사
ORP연구소 대표

오 동 근 산업조직심리학 박사
ORP연구소 부대표

이 헌 주 성균관대학교 심리학과 박사과정
ORP연구소 수석연구원

이 광 진 호서대학교 산업심리학 석사
ORP연구소 책임연구원

최 보 배 성균관대학교 사회심리학 석사
ORP연구소 책임연구원

강 승 혜 성균관대학교 심리학 석사
ORP연구소 책임연구원

이 인 호 광운대학교 산업심리학 석사
ORP연구소 선임연구원

서 용 원 산업조직심리학 박사
성균관대학교 심리학과 교수

DCBL : 역량개발센터 기반학습

초판 1쇄 발행 2015년 1월 28일

지은이 ORP연구소, 성균관대학교 서용원
펴낸곳 ORP Press
펴낸이 이영석
출판등록 2003년 4월 3일 제321-3190000251002003000015호

기획편집 최보배
마케팅 영업 김지애
디자인 이현주
인 쇄 동아사 02-815-0876

주소 서울특별시 서초구 서초대로 124(방배동) 선빌딩 3층
전화 02-3473-2206
팩스 02-3473-2209
홈페이지 www.orp.co.kr   www.dcblcenter.com
이메일 dcblcenter@orp.co.kr

ISBN 978-89-965141-8-3

값 10,000원